„My favourite book.“

André Behr
Lars Reichardt

»Lauter, bitte!«

Heldengeflüster

Umschlagfoto: Ulrike Frömel

Alle Übersetzungen aus dem Englischen
von André Behr und Lars Reichardt

Die Deutsche Bibliothek – CIP-Einheitsaufnahme
Ein Titeldatensatz für diese Publikation ist bei
Der Deutschen Bibliothek erhältlich.

MY FAVOURITE BOOK
Düsseldorf
ISBN 3-936143-23-6
www.my-favourite-book.com

Inhaltsverzeichnis

Vorwort

Es gibt Menschen, die leben zwar noch auf unserem Planeten, aber eigentlich sind sie längst ausgewandert: Emigranten, die der Welt, so wie wir Normalsterbliche sie verstehen, den Rücken gekehrt haben; Eremiten, die durch die verschlungenen Tunnel des Nachdenkens in ein anderes Universum vorgestoßen sind; Bergsteiger im Hochgebirge des Geistes; Drachenflieger über den Abgründen des Neulands; Gelehrte, Forscher, Pioniere, Genies – vielleicht auch Abenteurer, Spieler, Verrückte. Aber eines ist sicher: So sehr sich diese Menschen auch in ihren unzugänglichen Gedankengebäuden verschanzen – eines Tages klingelt es an der Tür, und Lars Reichardt und André Behr stehen auf der Matte.

Die beiden Reporter haben es sich zur Aufgabe gemacht, diese faszinierenden Ungeheuer aufzustöbern und zu befragen. Zwei Reporter des Satans. Denn nichts ist in unserer Epoche des Leichtverständlichen, Schnellverdaulichen so höllisch, ja so verteufelt schwer wie eine Expedition, die uns Laien durch die Labyrinthe der Geistesgrößen führt. Diese Sonderlinge sind ja keine Plaudertaschen, sie lieben die hermetische Stille, das eigenbrötlerische Schweigen, und wenn sie eines hassen, dann Eindringlinge. Aber dem Autorenduo gelingt immer wieder das Wunder: Die Gesprächspartner öffnen sich, geben ihre geheimnisvollen Schätze preis – und wir Leser sind am Ende klüger, nachdenklicher und, fast unglaublich, blendend unterhalten.

Lars Reichardt und André Behr haben ihre Gespräche über viele Jahre hinweg im Magazin der ›Süddeutschen Zeitung‹ publiziert. Das Leserecho war gewaltig. Die Interviews wurden zu einem der Markenzeichen des Magazins. Ich hatte die Ehre, Chefredakteur des Magazins zu sein, ich hatte das Vergnügen, mit zwei so herausragenden Journalisten zusammenzuarbeiten, und jetzt habe ich die Freude, Sie zu begrüßen, bevor Sie sich an die Lektüre dieses außergewöhnlichen Buchs machen.

Christian Kämmerling
München, 14. August 2001

Edward Teller
»Lauter, bitte!«

E. T. lag auf seiner Chaiselongue wie eine uralte Echse aus der Wüste Kaliforniens. Unter buschigen Augenbrauen hervor suchte er über die Fußspitze des einen Beins und die Holzprothese des anderen hinweg zu erkennen, wer da den Weg zu ihm gefunden hatte. Edward Teller, geboren 1908 in Budapest, lebt auf dem Campus der Universität Stanford und ist bekannt für sein schroffes Benehmen. Ein Physiker erzählte einmal, wie er nach Wochen des Psychoterrors eines Tages allen Mut zusammennahm, um zurückzubrüllen. Nun saßen wir beim Meister – ganz nah, damit er uns besser hören und sehen konnte. Der schreiende Doktorand war damals nicht gefeuert worden; auch die Anwesenheit von Tellers Tochter wirkte beruhigend. Doch das Interview begann wie befürchtet: »Was wissen Sie über Kopernikus?« E. T. legte die große Hand, von der bekannt ist, wie geschmeidig sie Klavier spielen konnte, hinters Ohr und lauschte. Als deutlich wurde, dass wir zwar tatsächlich nicht viel von Physik verstehen, aber auch nicht zu einer Delegation der Grünen gehörten, hob Edward Teller zu einer Physikvorlesung ab, nicht ohne sich ständig zu vergewissern, ob das Publikum ihm auch folgen könne. Schließlich verstummte er. War E. T. eingeschlafen? Oder hatte er es endgültig aufgegeben, die Menschheit von der Notwendigkeit seines Handelns überzeugen zu wollen? Noch nicht. Die schweren Lider hoben sich, der Blick schweifte zurück zu seinen verblüfften Besuchern. Edward Teller hatte selbst noch Fragen und wollte von seiner neusten Idee erzählen, bevor er mit einem perfekt in seinem Gedächtnis verankerten deutschen Gedicht schloss. Er weinte dabei. Aber noch bevor wir sein Wohnzimmer verlassen hatten, schlief der Vater der Wasserstoffbombe erschöpft ein. Das Gespräch führten André Behr und Lars Reichardt im Mai 2000 in Stanford, USA.

Viele Menschen haben ihren Glauben an den Fortschritt verloren …
Laut und deutlich, bitte.

Haben Sie jemals am Sinn der Naturwissenschaften gezweifelt?
Sie kommen aus Deutschland, nicht wahr, dem Land, aus dem die grüne Bewegung stammt? Nun, jede wichtige Erfindung hat Konsequenzen für die Umwelt, gute wie schlechte. Aber man muss beide Seiten genau betrachten. Man kann zum Beispiel die Luftverschmutzung durch Automobile beklagen, aber gäbe es sie nicht, so hätte man Pferde. Und ich halte die Verunreinigung durch Pferde eigentlich für unangenehmer als die durch Automobile.

Wie steht es mit der Verunreinigung durch Atomkraftwerke oder Atombombenversuche?
Lauter.

Können Sie die Bedenken gegen die Anwendungen der Kernphysik verstehen?
Verstehen, ja. Beistimmen kann ich ihnen in keinem Fall. Die Atomkraft war neu, schwer zu verstehen, und es fällt leicht, dagegen zu argumentieren. Das verursacht Furcht und Missverständnisse. Ich behaupte, dass Kernreaktoren pro abgelieferter Energieeinheit sicherer sind als die meisten, möglicherweise alle anderen Formen der Energieerzeugung.

Trotz Tschernobyl?
Zehn Jahre nach dem Reaktorunfall gab es eine Konferenz in Wien, auf der man feststellte, dass die befürchtete Zunahme von Krebsfällen in Europa ausgeblieben ist – mit einer Ausnahme, dem Schilddrüsenkrebs. Das Merkwürdige war, dass die Öffentlichkeit von den positiven Nachrichten der Konferenz keine Notiz nahm.

Macht die Physik den Menschen Angst, weil sie nur noch von wenigen Spezialisten verstanden wird?
Die Physik hat viele interessante Tatsachen entdeckt, die leicht zu verstehen sind, wie etwa die Elektrizität. Allerdings hat es in ihrer Geschichte drei Entwicklungen gegeben, die tatsächlich schwer nachzuvollziehen waren und entsprechend kritische Reaktionen hervorgerufen haben. Nummer eins lautete: Die Erde bewegt sich. Der dabei am meisten erwähnte Name ist natürlich Galileo. Es gibt

aber zwei andere Leute, ich habe nur leider nach meinem Schlaganfall Schwierigkeiten, mich an die gewöhnlichsten Namen zu erinnern. Wie heißt der Pole?

Nikolaus Kopernikus?
Richtig. Kopernikus hatte den Auftrag vom Papst, den Kalender zu verbessern. Da gibt es ein wunderbares Buch, das ich Ihnen empfehlen möchte, von dem Ungarn Arthur Koestler. Auf Englisch heißt es ›Darkness at Noon‹ (dt. »Sonnenfinsternis«). Kennen Sie dieses Buch?

Leider nein.
Koestler war ein Kommunist, der sich im spanischen Bürgerkrieg engagiert hat. In den späten dreißiger Jahren hat er sich von der kommunistischen Führung in Russland distanziert. Wen meine ich jetzt?

Stalin.
Stalin. Das Buch handelt von der angeblichen Treulosigkeit einiger russischer Exkommunisten und ihrer Verurteilung. Über drei Viertel des Buches erfährt man nicht, wie der Schriftsteller zu diesen Anklagen steht. Waren sie Verräter, oder haben sie Moskau zu Recht kritisiert? Erst im letzten Viertel wird klar, dass sie mit ihrer Kritik durchaus im Recht waren, aber verurteilt wurden, nachdem sie gestanden hatten, im Unrecht gewesen zu sein. Koestlers Buch ist antistalinistisch. Darkness at Noon – im Kommunismus schien nicht die Sonne, es herrschte Finsternis.

Sie sprachen von drei großen Revolutionen in der Physik.
Dazu werde ich noch kommen. Der Autor Koestler hat auch ein anderes Buch geschrieben, ›Sleepwalkers‹, wie heißt das auf Deutsch?

Schlafwandler.
Die Wissenschaftler sind Schlafwandler. Sie wissen nicht, was sie suchen, aber finden es seltsamerweise doch. Ein Kapitel behandelt Kopernikus und seine Nachfolger. Kopernikus war ein Geistlicher, der über seine Entdeckung ein Buch schrieb. Ich habe es nicht gelesen,

ich zitiere Koestler: »Lieber Leser, sagt Kopernikus, mach dir keine Sorgen, dass die Erde sich bewegt. Das ist nichts weiter als Mathematik, und die Mathematik ist für Mathematiker bestimmt.« Kepler und Galileo jedoch haben die Bewegung der Erde, natürlich zu Recht, als Realität verstanden. Das ist eine interessante Diskussion. Sogar ein Papst, ich weiß nicht genau, welcher, hat erlaubt, dass man die Thesen des Kopernikus bis zu einem endgültigen Beweis diskutieren dürfe, als theoretische Möglichkeit. Galileos Verbrechen dagegen bestand in der Behauptung, dass es sich nicht um Mathematik, sondern um die Wirklichkeit handelt; er hatte ja die Monde des Jupiters entdeckt. Für Jahrzehnte bestand jedenfalls die religiöse und mehr oder minder auch gesellschaftliche Frage: Sind wir der Mittelpunkt der Welt? Zur Zeit Galileos war das ein wirkliches Problem. Erst Jahre später war die These endlich verdaulich. Sie wissen, dass die Welt heute viel größer ist als die Welt, die Galileo bekannt war? Um welchen Faktor?

Vielleicht dreimal?
Unsinn, zehn hoch 14, das sind 100 Billionen. Die Welt von Galileo war keine Lichtstunde groß. Von hier zur fernsten bekannten Galaxie sind es aber zehn hoch zehn Lichtjahre. Die Welt ist unbegreiflich viel größer geworden. Was sind die beiden anderen physikalischen Revolutionen, haben Sie gefragt, und ich will es Ihnen jetzt sagen. Nummer zwei und drei sind weniger als ein Jahrhundert alt, sie heißen Relativität und Quantenmechanik und sind ähnlich schwer zu verstehen. Kant hat diesen Begriff aufgestellt, wie hat er das genannt?

Das Apriori der Erkenntnis?
Oder so ähnlich. Er brachte jedenfalls ein ganz vorzügliches Beispiel: die Geometrie. Ohne Geometrie können wir gar nicht denken. Dass die Welt nun aber im Wesentlichen nicht dreidimensional ist, sondern vierdimensional, dass Gleichzeitigkeit keine absolute Bedeutung hat und es eine Grenze für die Geschwindigkeit in der Welt gibt, die Lichtgeschwindigkeit, diese Neuig-

keiten sind wirklich schwer zu akzeptieren. Ist das mehr oder minder verständlich?

Sehr verständlich.
Der dritte große Fortschritt ist die Quantenmechanik, die einen anderen Grundsatz erschüttert hat, den der notwendigen Folge von Ursache und Wirkung. Ich versuche das einmal in religiösen Worten auszudrücken – nicht weil ich an irgendetwas Besonderes glaube, sondern weil die Begriffe klar sind. Wenn ein Naturwissenschaftler im 19. Jahrhundert an Gott glaubte, musste er zugeben, dass Gott arbeitslos ist. Gott hat die Welt irgendwann einmal nach dem Gesetz von Ursache und Wirkung erschaffen und somit die Zukunft der Welt festgelegt. Was bliebe ihm da noch zu tun?

Das ist das Bild von Gott als Uhrmacher.
Nach Niels Bohrs Erkenntnis von der Dualität in der Beschreibung von Teilchen und Wellen folgt eindeutig, dass man sehr viele Voraussagen nur im Sinne der Wahrscheinlichkeit treffen kann, aber nicht mehr im Sinne der genauen Prophezeiung. Ich kann etwa sagen, dass ein einzelnes Atom mit einer bestimmten kleinen Wahrscheinlichkeit im nächsten Jahr zerfallen wird …

Sie sprechen von der Halbwertszeit.
Aber wann genau ein bestimmtes Atom zerfällt, kann niemals vorausgesagt werden. Das würde der Quantenmechanik widersprechen. Sie kennen vielleicht Einsteins berühmte Entgegnung an Bohr?

Gott würfelt nicht, hat er gesagt.
Ich kann mir vorstellen, sagte Einstein, dass Gott die Welt gegen meine Gesetze erschaffen hat, aber ich kann nicht glauben, dass er würfelt. Aber Bohr hat bewiesen, jawohl, es wird gewürfelt, und zwar unglaublich häufig. Die Welt als etwas Unbestimmtes darzustellen, mit einer im Wesentlichen nicht voraussagbaren Zukunft, das war das Neue. Zu all dem kam die Entdeckung, dass die Kernreaktion in der Sonne auf der Erde reproduziert werden kann. Ihr Missbrauch in Hiroshima und Nagasaki war eine fürchterliche

Katastrophe. Dies zusammen mit der Schwerverständlichkeit der Physik hat die Zweifel an der modernen Wissenschaft im Wesentlichen hervorgerufen, selbst bei vielen nachdenklichen Menschen. Habe ich mich klar ausgedrückt?

Durchaus. Wo wird Ihrer Meinung nach die vierte Revolution in der Physik stattfinden?
Ich gebe Ihnen gern eine präzise Antwort: Ich weiß es nicht. Es gibt aber eine Entwicklung, die mich außerordentlich interessiert und die zu etwas fundamental Neuem führen kann: die Entschlüsselung der Desoxyribonukleinsäure. Die Gesetze der Vererbung bedienen sich eines Werkzeugs von vier heterozyklischen chemischen Verbindungen, die man als Buchstaben bezeichnen kann, mit denen die Eigenschaften von Vater und Mutter vererbt werden. Merkwürdigerweise sind diese Buchstaben dieselben für den Menschen wie für ein Pferd, einen Fisch, einen Baum oder einzellige Geschöpfe. Ein solcher Buchstabe besteht aus etwa fünfzig Atomen. Die interessanteste Frage für die Wissenschaft lautet: Was ist Leben? Ist das Leben an diese vier Buchstaben gebunden? Und gibt es sie sonstwo im Weltall? Oder sind sie verschieden, aber vergleichbar, übersetzbar? Habe ich Ihre Frage beantwortet?

Nicht ganz. Glauben Sie an die Möglichkeit einer neuen fundamentalen Theorie innerhalb der Physik, etwa durch die Superstrings?
Schauen Sie, es gibt ganz gute Hinweise, dass die Bestandteile der Atome, die man noch vor hundert Jahren gekannt hat, noch weiter zerlegbar sind. Oder vielleicht sollte ich wegen des Neutrons nicht von hundert, sondern von sechzig oder siebzig Jahren sprechen. Das Neutron und das Proton zum Beispiel bestehen aus Quarks, deren Anzahl man seit etwa dreißig Jahren kennt. Ein ganzer Teilchenzoo, der nach meinem Geschmack viel zu groß ist.

Sie selbst glauben also auch an die Existenz von winzigsten saitenförmigen Elementarstrukturen?
Ob man damit etwas Wesentliches erkannt hat, vielleicht gar die Oberfläche einer neuen Theorie angekratzt hat, das weiß ich nicht.

Man nennt Sie den Vater der Wasserstoffbombe. Ärgert Sie das?
Jawohl, in gewisser Hinsicht. Ich habe während des Krieges an der Kernspaltung gearbeitet. Danach habe ich zur Kernfusion führend beigetragen. Viele Wissenschaftler und Freunde wollten nach dem Krieg diese Forschungen ruhen lassen. Das wäre falsch gewesen, insbesondere wegen des Kalten Kriegs. Ich habe also gegen die Wünsche der Mehrheit meiner Kollegen gearbeitet, und sehr effizient, wie ich meine. Mich ärgert nicht, dass man mich den Vater der Wasserstoffbombe nennt. Mich ärgert, dass man meine Arbeit an ihr als Sünde ansieht. Sie in Deutschland haben ihr wahrscheinlich Ihre Wiedervereinigung zu verdanken. Glauben Sie nicht?

Die Politik der Abschreckung scheint zumindest funktioniert zu haben.
Und die Wasserstoffbombe wurde schließlich nie benutzt, im Gegensatz zur Atombombe, in Hiroshima und Nagasaki.

Hat es Sie geärgert, dass Ihre wissenschaftlichen Leistungen nie mit dem Nobelpreis geehrt worden sind?
Als ich vor einigen Jahren einmal nach einer nicht ganz angenehmen Operation aus der Narkose erwachte, hörte ich eine Pflegerin zu einer anderen sagen: Das hier ist der Nobelpreisträger. Ich antwortete: Nein, ich habe keinen Nobelpreis. Aber mir ist es lieber, keinen bekommen zu haben und gefragt zu werden: Warum nicht?, als den Nobelpreis zu haben und gefragt zu werden: Warum denn das? Das war eine aufrichtige Antwort. Nach der Narkose hätte ich gar nicht die Geistesgegenwart besessen, eine Antwort zu erfinden.

Sie haben gegen Robert Oppenheimer ausgesagt, der als Leiter des Atombombenprojekts abgesetzt wurde, weil er sich aus moralischen Gründen gegen die Wasserstoffbombe aussprach. Damit haben Sie viele Anfeindungen in Kauf genommen. Wie steht man so etwas durch?
Weil nicht jeder Freund unfreundlich wurde. Insbesondere meine ungarischen Freunde blieben Freunde. Ich meine Wigner, von Neumann und … Wie heißt er?

Leo Szilard?
Szilard, ja. Wir waren uns in der Beurteilung der Sowjets uneins, aber unsere Freundschaft war dadurch nicht gefährdet.

Sie haben in den fünfziger Jahren einmal gefordert, alle wissenschaftlichen Geheimnisse zu veröffentlichen.
Ich glaube nicht, dass ich das in der Form je gesagt habe. Ich habe aber gesagt, und ich glaube es noch immer, wir sollten Geheimnisse graduell veröffentlichen. Es ist praktisch unmöglich, sie alle offen zu legen. Aber im Großen und Ganzen würde ich sagen, was auf einer Seite Papier erklärt werden kann, wird sowieso entdeckt und kann gar nicht geheim gehalten werden.

Könnten Sie denn auf einer Seite erklären, wie man die Atombombe baut?
Das ist mir immer noch verboten. Ich muss eine unnatürliche Vorsicht walten lassen, auch bei einfachen Fragen.

Fällt es schwer, ein Geheimnisträger zu sein?
Jawohl, das ist außerordentlich schwierig und sollte weitgehend geändert werden.

Bis in die achtziger Jahre waren Sie Direktor in Livermore, dem größten amerikanischen Rüstungsforschungslabor.
Jawohl.

Dürfen Sie über Ihre dortige Tätigkeit sprechen?
Livermore hat dazu beigetragen, den Kalten Krieg zu gewinnen. Besonders dadurch, dass wir eine erfolgreiche Strategie mit U-Booten ausgearbeitet haben, die den Sowjets einen vernichtenden Erstschlag unmöglich machte.

Und was macht man dort heute?
Fragen Sie mich doch lieber, was man meiner Meinung nach dort heute machen sollte. Man sollte die internationale Zusammenarbeit verstärken, angefangen mit weniger kontroversen Themen wie etwa der Wettervoraussage oder der Erstellung gemeinsamer Regeln, die einen dritten Weltkrieg verhindern helfen.

Warum gibt es überhaupt Krieg?
Es gibt nicht den geringsten Grund, warum ich darüber mehr wissen sollte als Sie. Aber ich denke, Kriege entstehen, weil Kriege möglich sind und der Mensch eben so beschaffen ist, alles Mögliche durchsetzen zu wollen. Es ist wichtig, unserer natürlichen Neigung zum Krieg entgegenzuwirken. Im letzten Jahrhundert ist die Welt schon kleiner geworden. Kleiner in Bezug auf Kommunikation und die Ausübung von Gewalt. Ich sagte schon, wie ich mich freue, dass die Wasserstoffbombe nie benutzt worden ist, und das sollte möglichst so bleiben. Ich glaube allerdings nicht, dass dies durch die Verhinderung von Forschung wahrscheinlicher wird. Es wird höchstens durch eine verbesserte Zusammenarbeit und den Austausch von Kenntnissen möglich.

Haben Sie darüber schon mit Bill Clinton gesprochen?
Das habe ich nicht, aber dies liegt weniger an meiner Zunge als an seinem Ohr.

Für alle amerikanischen Präsidenten der letzten siebzig Jahre waren Sie ein gefragter Rüstungsexperte. Hat sich Clinton nie für Ihren Rat interessiert?
Falls er sich interessiert hat, hat er diesem Interesse mit großem Erfolg Widerstand geleistet.

Womit beschäftigen Sie sich heute?
Ich habe mit Freunden gerade einen Vorschlag zur Wettervorhersage ausgearbeitet. Sie haben vielleicht von dem großen Brand in Los Alamos gehört? Das Feuer hätte durch bessere Wettervorhersage verhindert werden können.

Wie wollen Sie die Vorhersagen verbessern?
Ich und meine Freunde wollen anregen, das Wetter weltweit alle fünfzehn Minuten zu erfassen, um es bis zu zwei Wochen vorauszusagen. Die Rechenmodelle wären dafür schon ausreichend, die Messungen sind ungenügend. Wir befürworten daher kleine Ballone, die man für weniger als einen Pfennig herstellen könnte. Mit einer Wasserstofffüllung würden sie einige Jahre in der Atmosphäre schweben

und den Satelliten sogar Windgeschwindigkeiten durchgeben. Damit ließen sich Verlässlichkeit wie Dauer der Voraussage um mindestens den Faktor drei erhöhen.

Wem werden Sie diesen Vorschlag unterbreiten?
Das kann ich Ihnen nicht sagen, weil ich es noch nicht weiß. Jedenfalls nicht Clinton.

Sie interessieren sich für das Wetter und leben in Kalifornien, einem Bundesstaat, in dem immer die Sonne scheint.
Ich interessiere mich dafür schon sehr lange, deshalb bin ich auch hierher gezogen. Natürlich gab es auch andere Gründe.

Spielen Sie noch Schach?
Seit vielen Jahren nicht mehr. Als Student in Deutschland spielte ich sehr viel. Auf Ausflügen sogar Blindschach.

Haben Sie auch gegen Einstein gespielt?
Ich wusste gar nicht, dass er Schach spielte. Nein, gegen ihn nicht, aber gegen andere Physiker. Mit Heisenberg habe ich sehr oft gespielt.

Wer hat gewonnen?
Er, soweit ich mich erinnern kann. Er war immer besser, in allem. Außer anfänglich im Pingpong, aber das duldete er nicht. Er lernte es schnell, und am Ende hat er mich auch da geschlagen.

Robert Oppenheimer, der auch nach Ihrer Aussage gegen ihn als Sicherheitsrisiko galt, spielte nicht Schach?
Meines Wissens nicht und absolut sicher nicht mit mir.

Glauben Sie, die Russen konnten die Wasserstoffbombe in so kurzer Zeit nach Ihnen bauen, weil sie einen Spion hatten?
Ich kann nur so viel sagen: Über die Kernspaltungswaffe wurden sie durch ihre Spione, besonders durch Klaus Fuchs, sehr wohl bedient. Die Entdeckung der Wasserstoffbombe ist den Sowjets meines Wissens unabhängig von uns gelungen.

Wie konnte Fuchs so lange unentdeckt bleiben?
Die Kontrolle war sicher nicht leicht. Klaus war sogar bis zu seiner Enttarnung mein Freund.

Einige Kollegen haben Sie als ernsthaften, von vielen Freunden enttäuschten Mann in Erinnerung. Der Physiker Freeman Dyson beschreibt Sie dagegen als fantasievollen und humorbegabten Menschen.
Ich habe Dyson schon lange nicht mehr gesehen, aber er ist ein sehr guter Mann.

Woher bezieht der Erfinder der Wasserstoffbombe seinen Humor?
Ich stamme aus Ungarn. Sie kennen meine Geschichte, nicht wahr?

Ja, Sie sind in Ungarn aufgewachsen, kamen Mitte der zwanziger Jahre zum Studium nach Deutschland und gingen später ins Exil.
Stimmt alles nicht. In Wahrheit gab es einmal fünf Leute, die vom Mars stammten. Das wissen Sie nicht?

Nein.
Theodore von Kármán, Wigner, Johann von Neumann und, nun, wie heißt der andere wieder?

Szilard.
Der Szilard und ich – wir fünf dachten, dass Marsbewohner in den USA nicht gern gesehen sind. Uns als Amerikaner auszugeben scheiterte an unserem Akzent, also versuchten wir es als Ungarn.

Deswegen lauten Ihre Initialen auch E. T.
Jawohl, Extra Terrestrian, Außerirdischer.

Für einen Außerirdischen sprechen Sie fabelhaft Deutsch. Fühlen Sie sich überhaupt als Amerikaner?
Schauen Sie, ich kam vor fünfundsechzig Jahren in die USA und muss mich schon deswegen Amerikaner nennen. Schließlich kam ich aus freien Stücken und weil die Amerikaner uns Ausländer eben mehr angenommen und für sich eingenommen haben als irgendein anderes Land. Zu Deutschland kann ich sagen, dass meine Mutter

besser Deutsch als Ungarisch sprach, mein Großvater hieß sogar Deutsch, Ignaz Deutsch. Ich kam mit achtzehn Jahren nach Deutschland, um deutsche Wissenschaft zu studieren, und blieb sieben Jahre. Diese Zeit mit Einstein, Bohr und Heisenberg im Mittelpunkt der wissenschaftlichen Gemeinschaft waren natürlich sehr schöne Jahre. Aber bitte sagen Sie mir doch, was man heute in Deutschland über Heisenberg denkt?

Einige halten ihn für einen Mitläufer des Nationalsozialismus.
Darf ich Ihnen sagen, was ich glaube? Er hat an der Atombombe gearbeitet. Viele behaupten, dass er dies für die Nazis getan hätte, das ist ein fürchterlicher Vorwurf. Er war kein Nazi. Meiner Meinung nach war er sehr erfreut, als er feststellte, dass Deutschland die Bombe nicht so schnell fertig stellen konnte. Heisenberg hatte keinen Erfolg, weil er einfach nicht erfolgreich sein wollte.

Haben Sie ihn irgendwann nach dem Krieg zu diesen Vorwürfen befragt?
Selbstverständlich nicht, das wäre unangebracht gewesen. Ich bin ein Schüler von Heisenberg, und ich bin sein Verehrer. Er hat nur einen schrecklichen Fehler begangen. Kurz bevor ich nach Amerika ging, sagte er: Na ja, dort wird nie was aus der Physik. Er hat die Amerikaner weit unterschätzt. Eines möchte ich Sie gern noch fragen, dann sollten wir aber Schluss machen, ich bin müde. Ist Erich Kästner bei Ihnen noch populär?

Sein Kinderbuch ›Emil und die Detektive‹ ist es.
Ich mochte ein Gedicht von ihm sehr gern:

> Ich träume, das kann man ja ruhig gestehen, fast nie.
> Ich schlafe lieber, sobald ich liege.
> Aber kürzlich habe ich dennoch geträumt, wissen Sie?
> Und zwar, vom kommenden Kriege.
> Aus den Gräbern stiegen Millionen Männer hervor,
> lauter Freiwillige. Wie eine Stimme betonte,
> sie hoben ihre Gewehre zum Schusse empor,
> und prüften, wen zu erschießen sich lohnte.
> Sie kamen einander entgegen, ahnungslos, furchtbar und stumm.
> Doch da schrie eine Stimme, als wäre jemand in Not.

Da drehten die Männer, wie auf Kommando, die Flinten herum,
und schossen sich selber tot.
Sie fielen um, in endlosen Reihen. Ich träume doch eigentlich nie,
und wer mag das gewesen sein, der so schrie?

Das war ein Gedicht vor Hitlers Zeit. Hätte es das vereinigte Europa nur früher gegeben, die Welt wäre heute viel besser.

Irenäus Eibl-Eibesfeldt
»Ich habe nie einen Haifisch geküsst«

Naturwissenschaftler sind im Allgemeinen etwas besorgt, nicht richtig ernst genommen zu werden. Eibl-Eibesfeldt, Jahrgang 1928, offenbar ganz besonders. Was wollen die beiden Kasperlfiguren bloß von mir?, hat sich der Verhaltensforscher Irenäus Eibl-Eibesfeldt offensichtlich gefragt, als er unseren Drang erklären sollte, alles, was uns lieb und teuer ist, mit den Lippen zu berühren. Zu oft ist der ehemalige Leiter des Max-Planck-Instituts für Humanethologie in Andechs bei München öffentlich belächelt oder angefeindet worden, weil er unermüdlich die Bedeutung angeborener menschlicher Verhaltensmuster beschwört. Schließlich aber zeigte auch er sich versöhnlich mit den Zeitungsleuten, deren Kollegen ihn schon so oft missverstanden haben. Über die integrative Bedeutung des Küssens für die menschliche Gesellschaft war man sich rasch einig. Das Gespräch führten André Behr und Lars Reichardt im April 2000 in Andechs.

Herr Eibl-Eibesfeldt, haben Sie schon einmal ein Tier geküsst?
Eigentlich nicht, aber ich weiß, dass andere Leute es tun. Bei ihren Hunden etwa.

Sie haben nie einen Haifisch geküsst?
Nein, ich habe nie einen Haifisch geküsst. Wie kommen Sie darauf?

Sie haben schon in den fünfziger Jahren behauptet, Haie seien gar nicht so gefährlich.
Wenn man sich mit einem kleinen Hai-Stock schützt und sie im Auge behält, sind sie es auch nicht. Aber einem weißen Hai möchte ich nicht im freien Wasser ohne ein Riff im Rücken begegnen, obwohl es manche unbeschadet überstanden haben. Andere wurden allerdings zur Hälfte aufgefressen. Interessanterweise sind die schönen Hammerhaie vor den nördlichen Galapagosinseln zur Paarungszeit am wenigsten aggressiv, weil sie dann nicht auf Beute aus sind. Auch Mantarochen haben dort eigene Treffpunkte für das Sexuelle. Übrigens wie bei uns einige Insekten, die ein Weiberl finden, indem

sie zur Paarungszeit einfach einen bestimmten Berg oder Baum hinauffliegen. Vielleicht so wie Menschen, die dazu in eine Disco gehen.

Sie haben zeit Ihres Lebens angeborene Verhaltensmuster erforscht. Liegt auch das Küssen in den Genen?
Ich würde sagen ja, denn die Motorik des Küssens ist genau wie die des Lächelns und Weinens schon bei Säuglingen zu beobachten, selbst bei Taub- und Blindgeborenen, bei Kindern, die in ewiger Nacht und Stille heranwachsen und sich nie an einem sozialen Vorbild des Lächelns orientieren können.

Gibt es einen idealen Kussmund?
Frauen betonen gern Merkmale des Kindchenschemas. Weibliche Wangen sind ohnehin gewölbter; durch Schminke wird das Kindliche noch verstärkt. Man betont die Augengröße und formt den Mund zu einem süßen Saugmund. Und auch rote Lippen gelten überall als attraktiv.

Küssen Frauen und Männer gleich?
Das weiß ich nicht.

Haben Sie das nie erforscht?
Ich weiß es nicht, weil ich noch nie einen Mann geküsst habe. Vom Beobachtungsstandpunkt aus gleicht es sich allerdings, auch wenn Männer vielleicht etwas aggressiver küssen, also eher mit der Zunge eindringen. Aber quantitativ habe ich das nie nachgeforscht.

Dabei haben Sie als Erster eine umfassende Theorie des Küssens entworfen.
Durch Hinweise aus verschiedenen Kulturen habe ich herausgefunden, dass sich das Küssen aus einer Kindsfürsorgehandlung entwickelt hat. In allen Kulturen haben Mütter ihre Babys ab einem bestimmten Alter mit Vorgekautem von Mund zu Mund gefüttert. Bis vor kurzem sogar noch in Schleswig-Holstein.

Was heißt bis vor kurzem?
Bis vor etwa 200 Jahren. Inwieweit die Mütter das heute noch gelegentlich im Geheimen tun, weiß ich nicht. Das Interessante ist ja, dass die Evolution mütterliche Betreuungshandlungen irgendwann auch in den Dienst der Bindung unter Erwachsenen gestellt hat. Wir küssen uns bekanntlich bei einer freudigen Begrüßung unter Freunden, wir umarmen uns, und wenn meine Sekretärin anfängt zu zwitschern, wenn sie also in der so genannten Babysprache, um eine Oktave erhoben und mit einer vereinfachten Grammatik, telefoniert, dann weiß ich, mit wem sie spricht.

Mit ihrem Kanarienvogel?
Einem etwas größeren Kanarienvogel. Das sind jedenfalls menschliche Verhaltensuniversalien. In meinem Buch von 1970 habe ich ja aufgezeigt, dass mit der Entwicklung der individualisierten Brutpflege bei Tieren die Zärtlichkeit und Freundlichkeit in die Welt kam – das war eine Sternstunde der Verhaltensevolution.

Die Tiere haben das Küssen erfunden?
Gewissermaßen. Bei Reptilien können Sie noch keinerlei Freundlichkeit beobachten. Ihr gesamtes soziales Repertoire besteht aus Dominanzverhalten, also Drohung, Imponiergehabe und Unterwerfung. Das fiel mir 1954 auf den Galapagosinseln auf, als ich an der einjährigen Xarifa-Expedition von Hans Hass teilnahm. Vögel und Säugetiere kannte ich als Assistent von Konrad Lorenz ja schon zur Genüge. Ich wusste, dass Reiher einander bei der Begrüßung freundlich Schilfhalme überreichen oder Tölpel Hölzchen, um einen gemeinsamen Nestbau anzuregen. Auch Singvögel füttern sich gegenseitig bei der Balz. Bei Reptilien fehlten diese freundlichen Verhaltensweisen noch. Mit der Entwicklung der individualisierten Brutpflege kam ein Repertoire betreuender Verhaltensweisen in die Welt, dann die kindlichen Appelle um Betreuung und mit ihnen die Fähigkeit zum persönlichen Erkennen. Sehr viele Säugetiere und Vögel erkennen einander an der Stimme und am Geruch. Unmittelbar nach der Geburt gibt es eine ganz kurze Zeit, in der Weibchen bereit sind, das eigene Junge kennen zu lernen und damit zu adoptieren. Sobald eine Schafmutter ihr Lämmchen ableckt, erkennt sie

das Kind immer wieder. Inzwischen sind auch die Mechanismen bekannt, die dahinter stecken: Beim Austritt durch den Geburtskanal wird das schnell abbaubare Oxytozin ausgeschüttet. Mit dem Abbau dieses Hormons verschwindet beim Muttertier auch die Bereitschaft, sein Junges zu adoptieren. Oxytozin wird auch beim Stillen ausgeschüttet, also sogar beim Menschen wirkt das Hormon als bindender Mechanismus.

Spielt dieses Hormon auch beim Küssen eine Rolle?
Vielleicht, sicher weiß man das nur für das geschlechtliche Vorspiel mit den Brustwarzen und den Orgasmus. In Amerika gibt es zwei Mausarten der Gattung Microtus, die eine ist monogam, die andere, wie die meisten Mäuse, promisk. Warum eine der beiden Arten Bindungen eingeht, ist unbekannt. Was man weiß, ist, dass diese Mäuse bei der ersten Begegnung bis zu fünfzig Mal kopulieren und dabei einen Oxytozinrausch erleben; nach diesem Rausch sind sie verheiratet, und das Männchen beteiligt sich später an der Brutpflege. Die individualisierte Brutpflege wird schließlich auch als Bekräftigung einer sozialen Beziehung genutzt. Das kennt jeder Hundebesitzer, der von seinem Hund abgeschleckt wird. Das sind ursprüngliche Verhaltensweisen der Brutpflege.

Der Kinderkuss entstand vor dem Erwachsenenkuss?
Ja, mit dem individualisierten elterlichen Verhalten entwickelte sich die Fähigkeit zu Freundschaft und Liebe. Die verschiedenen Formen dieser Bindung werden bei uns Menschen allerdings häufig missverstanden: Wer heute propagiert, man möge die Menschheit umarmen und alle zum Freund haben, hat in Wirklichkeit keinen einzigen Freund. Freundschaft basiert auf einer gewissen Unterscheidung und in Abstufungen, im familiären wie im persönlichen Kreis.

Im Tierreich bedeutet ein Kuss also keine eindeutige Aufforderung zu einer sexuellen Handlung?
Nein, im Tierreich existiert der Kuss nur bei der Kussfütterung, aber die ist eben auch bei uns Menschen zu beobachten. Der menschliche Kuss ist ritualisiertes Füttern. Wer schon geküsst hat, weiß, dass es

gang und gäbe ist, dabei manchmal auch Bonbons auszutauschen. Und die Kussfütterung ist heute noch ein verbreitetes Verhalten.

Im strengen Sinne heißt das: Tiere küssen sich gar nicht?
Nein, aber sie kennen vergleichbare Verhaltensweisen, wie zum Beispiel die Fellkämmbewegung, die ganz in den Dienst der Partnerbindung gestellt wird.

Fand die Verhaltensforschung das Küssen allein deshalb so interessant?
Die individualisierte Brutpflege hat ja ungeheure Folgen. Das Familienethos wurde zum Gruppenethos erweitert. Man spricht heute vom Vaterland, der Muttersprache, von Brüdern und Schwestern und so weiter. Wir sind nicht für eine Großgemeinschaft gemacht und bringen es dennoch fertig, indem wir die prosozialen, fürsorglichen Dispositionen anzapfen und damit innerhalb der Gruppe jedes Dominanzstreben irgendwie auszugleichen versuchen.

Einige Experten wollen Ihnen partout nicht glauben, dass der erotische Kuss aus dem Fütterungskuss entstanden ist.
Einer hat sogar versucht, den Kuss vom Ablecken herzuleiten, aber das sind ganz andere motorische Bewegungen.

Sie meinen die These, der Kuss habe ursprünglich dem zusätzlichen Salzgewinn durch Ablecken der Haut gedient?
Wie viel Salz werden Sie von Mund zu Mund wohl bekommen? Diese Hypothese lässt sich überhaupt nicht belegen. Außerdem wird auch heute noch beim sexuellen Kuss häufig Futter übertragen. Das Kamasutra rät, der Geliebten mit dem Kuss Wein einzuflößen; ein altes japanisches Buch warnt Männer davor, der Frau vor dem Orgasmus die Zunge in den Mund zu stecken, damit sie nicht abgebissen wird. In Neuguinea füttern sich die Geliebten beim Küssen immer noch von Mund zu Mund. Das ist weit verbreitet.

Küssen sei eine Erinnerung an die Mutterbrust, lautet die psychologische Deutung.
Diese Erinnerung habe ich beim Küssen eigentlich nie gehabt.

Eine weitere Hypothese spricht auch davon, die Lippen seien die erogenste Zone des Menschen.
Na ja, es mag sein, dass irgendein Einzelner das so empfindet, aber das darf man wohl kaum verallgemeinern. Die Lippen verfügen über einen sehr feinen Tastsinn, aber das heißt noch lange nicht, dass sie die erogenste Zone sind. Da wird begrifflich sehr viel geschlampert und nachlässig formuliert.

Geht es beim Küssen denn nicht auch darum, den Geruch eines Menschen zu erfahren?
Falls Sie Mundgeruch haben, schon. Ansonsten spielen Geruch und Pheromone eine eher untergeordnete Rolle, obschon beim Kuss eingeatmet wird. Sie meinen wahrscheinlich eher den so genannten Riechkuss oder das Nasenreiben, von dem sich auch der Ausdruck ableitet: Ich kann jemanden riechen. Und das weist ja auf eine gewisse Bedeutung der geruchlichen Kommunikation hin – Karl Grammer hat das in Wien belegt.

Kann es sein, dass Raucher mit dem Lutschen an der Zigarette ein Kussdefizit kompensieren?
Das Rauchen geht eher auf den Saugreflex zurück. Na ja, es könnte sein, dass das Übernahmeverhalten oder rezeptive Mundöffnen beim sexuellen Kuss auch Saugbewegungen beinhaltet. Oh je, jetzt werden die Leute beim Lesen wohl endgültig »igitt, igitt« sagen!

Was halten Sie von der Erklärung, Küsse seien gesund und Küssende könnten durch den Austausch von Bakterien einen Selektionsvorteil in der Evolutionsgeschichte erzielen?
Das sind Spekulationen ohne jeglichen Nachweis. Die Kussfütterung habe ich selbst bei den Kalahari-Buschleuten fotografiert. So wie bei den Himba, den Yanomami-Indianern Venezuelas oder den Epo in Neuguinea, die ihre Säuglinge mit Spucke füttern. Sogar in der modernen Werbung kann man die Kussfütterung noch beobachten, bei dem Spot, in dem ein Keks überreicht wird. Jemanden zu bewirten oder Nahrung zu übergeben ist eine sehr freundliche, stark bindende Geste. Ein Schiffsarzt hat mir auf einer Expedition von seinen Erlebnissen beim Russlandfeldzug berichtet: Er war

darauf spezialisiert, Wachposten hinter den feindlichen Linien auszuschalten. Als ihm ein überraschter Soldat einmal sein Brot gereicht hat, verlor der Mann mit einem Mal seine Fähigkeit zum Töten. Der Kuss und die damit verbundene Fütterung ist also ein sehr freundliches Verhalten, für das es eine ganz eigene Grammatik gibt. Jeder Objekttransfer, egal ob von Nahrung oder einem anderen Geschenk, wird von ein paar Regeln beherrscht.

Die Regeln, nach denen Küsse verschenkt werden, unterscheiden sich allerdings beträchtlich.
Nein. Ich habe den Lippenkuss bei den Samoanern, Balinesen, Massai, südamerikanischen Hochlandindianern, den Waika-Regenwaldindianern am Orinoko und bei den Japanern beobachtet. Hottentotten küssen sich auch zur Begrüßung. In unserem Kulturkreis ist der Kuss schon im Altertum nachzuweisen. Herodot berichtet, dass Perser gleichen Standes einander auf den Mund küssten. Die Yanomami praktizieren sehr häufig den Blaskuss mit aufgesetzten Lippen, aber den kennen wir auch. Wenn eine Mutter ihr Kind erheitern will, setzt sie einfach die Lippen an den Bauch und macht »pschschsch«.

Die Inuit küssen offenbar nicht.
Eskimos praktizieren das Nasenreiben, aber ich war noch nicht dort.

Der viel gereiste Verhaltensforscher Eibl-Eibesfeldt war noch nie bei den Inuit?
Doch, einmal in Alaska, und ich hatte auch einen Studenten, der über die Polareskimos eine Dissertation gemacht hat. Aber ich interessierte mich bei meinen Reisen immer nur für unberührte Kulturen, die noch keinen Televisonsapparat kannten. Die Inuit haben wegen des Öls viel Geld und sind schon weiter. Und man kann ohnehin nicht sagen, ob sie sich wirklich nicht küssen.

Das behaupten aber viele Ihrer Kollegen.
Lange hieß es auch, Japaner küssten sich nicht, nur weil es dort das kulturelle Tabu gibt, es nicht in der Öffentlichkeit zu tun. Aber Sie

dürfen nicht immer nach Ihren Beobachtungen gehen. Wie oft haben Sie etwa in Amerika Geschlechtsverkehr gesehen? Behaupten Sie deswegen etwa, Amerikaner hätten keinen Sex? Nein, selbst japanische Eltern küssen ihre Kinder und vielleicht auch Eskimos.

Warum gilt auch in Papua-Neuguinea oder Malaysia der Kuss in der Öffentlichkeit als Tabu?
Weil Küssen eben doch eine intime, auch sexuelle Verhaltensweise zwischen Erwachsenen ist. Selbst in unserer Gesellschaft erheitert der Anblick eines Paares, das sich fünf Minuten lang ablutscht, nicht jeden. Natürlich gibt es immer Leute, die sich aus Lust am Tabubruch sogar in aller Öffentlichkeit geschlechtlich ergehen, aber man findet es nicht in Ordnung, nicht wahr?

Bei den Mormonen ist jungen Paaren das Küssen vor der Hochzeit gänzlich untersagt.
Zwischen Prüderie und normalem Anstand gibt es eben alle möglichen Übergangsformen und Facetten.

Bis in die fünfziger Jahre gab es auch noch bei uns hygienische Vorurteile gegen das Küssen.
Na ja, oh Gott, natürlich werden dabei Krankheiten übertragen wie der Lippenherpes, mit dem ja 95 Prozent der Bevölkerung infiziert sein sollen.

Wenn der Kuss durch den Fütterungskuss entstanden ist, müsste der Zungenkuss sogar der natürlichere Kuss sein.
Der Zungenkuss ist eine Bewegung aus der Nahrungsübergabe. Ob man ihn kultiviert oder nicht, muss jeder für sich entscheiden. Ich würde auch nicht von natürlich oder unnatürlich sprechen, der Zungenkuss ist der vollständige Kuss. Das Wort natürlich ist immer so bewertend. Aber auch eine flüchtige Lippenberührung kann ein sehr kultivierter, zärtlicher Kuss sein. Je nachdem, wie man gepolt ist.

Glauben Sie, dass das Küssen bestimmten Moden unterliegt?
Auf jeden Fall. Ich habe früher einmal Filmaufnahmen von flirtenden Paaren in ganz Europa gemacht, und bei einer Aufnahme aus

Versailles sieht man, wie lange es damals gedauert hat, bis das Paar schließlich zur Sache kam: Erst wendet er sich weg, dann sie, bis er sie mit der Zunge betrillert, worauf sie ihn kurz abwehrend beißt, er sich wieder abwendet, dann wiederum so zart anfängt – bis die zum Küssen gekommen sind, hat es eine Zeit lang gedauert, das war sehr nett. Im Kino heute fallen Paare dagegen wie zwei kämpfende Buntbarsche übereinander her. Und es kann schon sein, dass unerfahrene junge Buben deshalb glauben, beim Küssen müsse man sich immer unbedingt gegenseitig mit den Nasen anrempeln.

Gehört Küssen zum Sex?
Bei uns wird der Kuss wohl eindeutig dazu gerechnet, aber von Asien weiß ich nichts Genaues. Ich habe nicht alle Kulturen der Welt untersucht und bin nie in einem engeren Sinne Kussforscher gewesen, sondern habe nur sehr viele Universalien festgestellt, die Menschen aller Kulturen gemein haben; zu denen gehört der Kuss.

Welche Körperpartien darf man laut Ihrer universalen Grammatik küssen?
Unter Erwachsenen ist sicherlich neben dem Handkuss der Wangenkuss häufig legitimiert, bei dem in unseren Breiten die Wangen nur aneinander gelegt werden, genauso wie man bei einem Handkuss auch nicht die Hand mit den Lippen berührt. Das ist leider nicht mehr überall bekannt und deswegen – ich gehöre als Wiener ja zu einer Hand küssenden Kultur – halte ich, wenn ich einer Deutschen die Hand küsse, vorsichtshalber immer die linke Hand schützend vor meine Nase. In Deutschland herrscht ja eine Mischkultur, es gibt Leute, die die Hand auch beim Handkuss auf und ab schütteln, und dann laufe ich regelmäßig Gefahr, einen Nasenstüber zu erhalten. Es gibt sicher einige kulturelle Unterschiede im Umgang mit dem Kuss. Waika-Indianer etwa reiben zur Begrüßung ihren Mund an der Wange des anderen.

Spielt die Rangordnung, ähnlich wie im Tierreich, auch beim menschlichen Küssen eine Rolle?
Beim formalisierten Begrüßungskuss wie dem Handkuss oder dem Kuss des Bischofsrings ist das sicherlich der Fall. Als betreuende Handlung ist der Kuss zunächst einmal keine unterwürfige Handlung.

Aber Fürsorglichkeit kann ja auch recht aufdringlich sein und Mutterliebe schnell ein bisschen eskalieren.

Sie sind häufig kritisiert worden für die Bedeutung, die Sie dem angeborenen Verhalten allgemein beimessen.
Die Angriffe stammen aus den siebziger Jahren, als die Achtundsechziger noch versuchten, das längst überholte Konzept des Behaviorismus zu retten. Heute glaubt niemand mehr, dass die Gene für den Alltag des Menschen keine Rolle spielen. Und darin liegt natürlich das Problem: Menschen mit steinzeitlicher Emotionalität müssen heute in Millionenstädten leben oder als Präsidenten Supermächte lenken. Allerdings habe ich auch immer betont, dass der Mensch von Natur ein Kulturwesen ist; der Mensch kann beispielsweise Aggression zum Antrieb im Berufsleben umfunktionieren.

Es besteht also noch Anlass zur Hoffnung?
Ja, denn ebenso wie die Aggression ist bei uns die Fähigkeit zur Empathie, zum Mitleid und zur Liebe angelegt. Ohne sie wären wir ganz schöne Teufel. Nur leider wissen wir über diese Antriebe noch zu wenig. Wir investieren ungeheuer viel in die Erforschung der Technologie. Aber das Wesen, das mit dieser Technologie umgehen soll, ist noch ungenügend erforscht. Gerade die Bedeutung des Angeborenen hat man viel zu lange geleugnet. Erst seit den siebziger Jahren ist uns langsam klar geworden, dass all unsere Utopien scheitern müssen, wenn sie nicht auch der Natur des Menschen Rechnung tragen.

Mit der Generation der Achtundsechziger teilen Sie dagegen Zweifel an der Natürlichkeit der Monogamie.
Die Achtundsechziger waren im Unterschied zu mir gänzlich gegen längere Beziehungen. Sie wollten promisk sein, und das ist etwas ganz anderes. Polygamie heißt ja an und für sich nur, dass man später in seinem Leben einmal einen zweiten Partner hat – wie bei vielen Völkern. Meistens sind das sogar die Witwen der Brüder, die auf diese Weise versorgt werden. Das ist keine Vielweiberei. Vielweiberei ist pathologisch. Einem orientalischen Fürsten mit hundert Frauen geht es um Macht. Dass aber bei jedem Menschen eine

grundsätzliche Bereitschaft zu mehr als einer Bindung besteht, lässt sich nicht leugnen. Natürlich wird diese Bereitschaft je nach Notwendigkeit kulturell gesteuert. Ich bin nicht prinzipiell gegen Polygamie, sie ist eine Frage der Lebensgestaltung Einzelner. Ich könnte mir allerdings vorstellen, dass zwei Frauen für einen Mann gar nicht so bequem sind.

Wie lange sind Sie verheiratet?
Ich habe jetzt gerade meinen fünfzigsten Hochzeitstag gefeiert und meine ganze Familie, mit Kindern, Schwiegerkindern und Enkeln, auf ein Schiff nach Galapagos eingeladen.

Sie haben oft die Gefahr des Aggressionsstaus beschworen. Gibt es auch das entgegengesetzte Phänomen, einen Kussstau?
Fürs Küssen nicht, für den gesamten Komplex schon. Aber ich kann mir allerdings vorstellen, dass nach einer längeren Abstinenz auch das Bedürfnis ansteigt, jemanden zu küssen.

Auf Ihren Reisen waren Sie teilweise über ein Jahr von Ihrer Frau getrennt.
Ich war sehr viele Jahre von meiner Frau getrennt, aber ich kam zwischendurch immer wieder nach Hause.

Ist eine Ehe unter solchen Bedingungen nicht schwer durchzuhalten?
Das kann auch sehr erfrischend sein. Die ersten Expeditionen waren sicher eine große Belastung, aber zu dieser Zeit war meine Frau in das Institut eingebunden, das war ja eine große Familie um Lorenz. Konrad war immer unser väterlicher Freund; meine Frau und ich waren früh Halbwaisen. Außerdem habe ich insgesamt mehr Jahre gemeinsam mit meiner Frau verbracht als ein Mann, der heute erst mit fündunddreißig oder vierzig Jahren heiratet.

Küssen jüngere Paare anders als ältere?
Mich hat das Küssen an sich interessiert, nicht die Details, die Sie jetzt erfragen wollen. Vielleicht sollte das ›SZ-Magazin‹ mal ein Kussforschungsprojekt sponsern. Aber als teilnehmenden Forscher lasse ich mich lieber nicht verpflichten.

Thor Heyerdahl
»Zum Dank boten sie mir eine große, fette Frau an«

Wann ist ein Mann alt? Mit sechzig, mit siebzig oder mit achtzig Jahren? Thor Heyerdahl, Jahrgang 1914, hat zuletzt mit einundachtzig die Gelehrten mit der These aufgeschreckt, die erste Amerikareise des Christophorus Kolumbus sei weit früher anzusetzen als 1492. Mit fünfundachtzig schrieb der unverwüstliche Norweger und Bezwinger der Weltenmeere seine Biografie und bereitete sich auf Lesereisen durch ganz Europa vor. Auf Teneriffa treibt er nach wie vor seine Ausgrabungen voran, und zwischendurch findet er auch die Zeit, nach London zu fliegen, um dort auf einer Podiumsdiskussion seine Version der Besiedelung Polynesiens zu verteidigen. Ein regelmäßiges Mittagsschläfchen ist sein einziger Tribut ans Alter. Das Gespräch führte Lars Reichardt im Februar 2000 am Telefon.

Gestatten Sie die Frage: Sie sind jetzt sechsundachtzig Jahre alt. Was, bitte, war die schlimmste Krankheit, die Sie je hatten?
Als Junge hatte ich, soweit ich weiß, eine Blinddarmentzündung. Und an eine harte Grippe kann ich mich noch erinnern.

Auf all Ihren Reisen keine Cholera, keine Tuberkulose, keine Borreliose?
Nein, nein. Irgendwann habe ich mir beim Skifahren das Bein gebrochen.

Nicht einmal Malaria?
Es ist wirklich seltsam, aber auf der Tigrisexpedition vor zwanzig Jahren waren wir elf Personen, von denen zehn Malariatabletten nahmen. Ich war der Einzige ohne Prophylaxe – und am Ende auch der Einzige, der keine Malaria bekam.

Sie haben sich oft als Abenteurer missverstanden gefühlt.
Sagen wir einmal so: Ich bin Wissenschaftler und habe nie etwas aus Abenteuerlust unternommen, aber auch nie etwas dagegen gehabt. Ich habe mich über jedes Abenteuer gefreut.

Halten Sie es für wichtig, im Leben etwas zu riskieren?
Die Risiken, die ich eingegangen bin, waren immer kalkulierbar.

Wie oft haben Sie in Ihrem Leben schon Angst vor dem Tod gehabt?
Ich habe es gerade neulich einmal mit meiner Frau durchgerechnet. Ich glaube, wir kamen auf einundzwanzig verschiedene Situationen.

Wann war das erste Mal?
Als Kind brach ich im Eis ein und wäre beinahe ertrunken. Da war ich etwa fünf Jahre alt und hatte danach große Angst, schwimmen zu lernen.

Kann der berühmte Ozeanbezwinger etwa immer noch nicht schwimmen?
Ich habe es erst mit zweiundzwanzig Jahren gelernt, auf Tahiti, als ich mit Häuptling Theriero im Dschungel auf einem Floß unterwegs war. Ich entdeckte ein paar merkwürdige Schnecken an meinem Bein; vor Schreck fiel ich ins Wasser. Da musste ich es einfach ausprobieren und erreichte tatsächlich das Ufer. Darüber habe ich mich so gefreut, dass ich gleich noch einmal ins Wasser gesprungen bin.

Wie erlebten Sie Angst vor dem Tod?
Das passiert alles in Bruchteilen von Sekunden. In so einem Augenblick entdeckt man etwas in seinem Inneren, eine andere Welt. Ein Gegenüber, das man um Hilfe bitten kann. Und das einem sagt, dass man ruhig bleiben muss, wenn man noch nicht sterben will. Ich kann dieses Etwas nicht näher beschreiben, und das ist natürlich eine grobe symbolische Vereinfachung, aber so eine Begegnung hatte ich jedes Mal. Und einige Male war ich dem Tod wirklich sehr, sehr nahe.

Was war Ihr gefährlichstes Erlebnis?
Das Kentern der Kon-Tiki am Riff habe ich noch sehr stürmisch in Erinnerung. Ich hing an einem Seil oben am Mast, als er brach. Wenn ich nicht zufällig so kräftige Arme gehabt hätte – mein Vater hatte mir als Kind in unserem Hinterhof ein sechs Meter hohes Klettergerüst gebaut –, dann hätte ich mich auch nicht festhalten können und wäre von den Wellen von Bord gespült worden.

Und die Bärenjagd im Nationalpark?
Es war knapper, als ich mit dem Kanu in Kanada gekentert bin. Erst zwei, drei Meter vor dem Wasserfall konnte mich ein Crewmitglied rausfischen. Oder am Tschadsee in Zentralafrika: Ich schlief außerhalb eines Dorfes, aus dem plötzlich laute Trommelmusik erklang. Es herrschte Bürgerkrieg, und viele Menschen wurden umgebracht. Aber ich war so unvorsichtig, mich heranzuschleichen. Ich sah lauter Araber um eine kleine Lampe tanzen. Ich dachte wohl, ich wäre unsichtbar. Plötzlich tanzte einer der Araber direkt auf mich zu und zog ein großes Schwert. Er holte schon aus und hätte mich sicherlich umgebracht, wenn ich nicht ganz instinktiv die Eingebung gehabt hätte, einfach mit ihm zu tanzen, mit erhobenen Händen. Das rettete mir das Leben. Den Araber erstaunte mein Verhalten so sehr, dass er das Schwert von meiner Brust nahm und mit mir weitertanzte, bis zurück in den Kreis der anderen. Ich weiß nicht, ob diese Leute Drogen genommen hatten oder nur allmählich vom Tanzen so erschöpft waren. Jedenfalls fiel einer nach dem anderen um, warf noch eine Münze in einen Krug, den eine große, fette Frau hielt, und schlief ein. Zuletzt stand ich allein vor der Lampe und war der Held der verängstigten schwarzen Dorfbewohner. Zum Dank boten sie mir die große, fette Frau an.

Haben Sie angenommen?
Nein, ich habe sie jemand anderem überlassen und mich lieber schnell aus dem Staub gemacht.

Verliert man die Angst vor dem Tod, wenn man ihm schon so oft gegenübergestanden hat?
Ich habe keine Angst vor dem Tod, ich hasse es nur, mein Leben zu verlieren. Deswegen versuche ich, Risiken so weit wie möglich aus dem Weg zu gehen. Die Situation in Afrika kam ja gänzlich überraschend. Aber Pech kann man schließlich auch im Straßenverkehr haben.

Sie meinen, es ist gar nicht so gefährlich, mit einem Schilfboot über den Atlantik zu segeln?
Wenn Sie so wollen, können selbst Ausgrabungen gefährlich werden, zumindest in Peru. Jeder warnte mich dort vor den Terroristen

des Leuchtenden Pfades, die wahllos Ausländer ermordeten, um Schlagzeilen zu machen. Und eines Nachts tauchten sie auch tatsächlich an unserer Pyramide auf. Wir waren nur rechtzeitig gewarnt worden. Das hätte weit gefährlicher sein können als jeder Sturm auf dem Ozean.

Vor Menschen hatten Sie eher Angst als vor der Natur?
Die moderne Zivilisation, das hat mich das Leben gelehrt, stellt immer noch für alle die größte Gefahr dar. Ich war nie in größerer Gefahr als bei der norwegischen Fallschirmeinheit.

War das Springen so gefährlich?
Ich bin ja kaum gesprungen, aber im arktischen Polarmeer saßen wir wie die Ratten gefangen unter Deck, während deutsche U-Boote auf unseren Truppentransporter Jagd machten. Im Krieg spielten wir eines Tages auch einmal im Zelt aus Langeweile an einem Minendetektor rum. Plötzlich schlug er aus, und so erfuhren wir, dass unser Zelt die ganze Zeit direkt auf einer Panzermine gestanden hatte.

Gibt es eigentlich irgendeinen Ort auf der Welt, den Sie noch nicht kennen?
Dieser Planet ist so groß, dass ich unmöglich alles kennen kann.

Wo waren Sie denn noch nicht?
Das fällt mir im Augenblick nicht ein, aber in jedem Fall möchte ich auch an viele Orte noch einmal zurückkehren.

Wo liegt das Paradies auf Erden?
Ich habe viele schöne Orte gesehen. Einige der Marquesasinseln gehören sicherlich dazu. Aber die Schönheit des Ozeans mit all seinen ständig wechselnden Farben und die der Wüste – ich bin auch in die Wüste verliebt – sind wahrscheinlich nicht zu übertreffen. Ich muss schon sagen: Auf diesem Planeten gibt es so viel Schönheit, dass es mich sehr überrascht, wie viele Menschen in der Stadt leben und auf die Wand ihres Nachbarhauses starren.

Finden wir das Paradies, indem wir zur Wildnis zurückkehren?
Zu meiner großen Enttäuschung musste ich feststellen, dass dieser Weg dem Menschen verschlossen ist. Das merkte ich, als ich einmal wie ein Eingeborener auf der polynesischen Insel Fatu-Hiva leben wollte, ohne moderne Werkzeuge, ohne Medizin. Dabei ist dies wahrscheinlich der letzte Flecken Wildnis auf der Welt, wo man sich allein von Baumfrüchten ernähren kann und nicht jeder Baum schon irgendjemandem gehört. Aber auch der Glaube, Zivilisation bedeute Kampf gegen die Wildnis, ist verkehrt. Das wollte man mir als Kind immer beibringen. Man muss die Natur als Verbündeten begreifen.

Wie macht man das?
Schon als junger Mann habe ich gelernt, in einem Schneesturm mit dem Schnee einen warmen Iglu zu bauen. Ebenso wie ich später lernte, dass große Wellen nur großen Schiffen gefährlich werden, die gegen sie ankämpfen wollen. Auf einem kleinen Schilffloß, das immer mit den Wellen geht, ist man dagegen ziemlich sicher, und das Wasser wird zum Freund.

Die wirklich gefährliche Wildnis haben Sie nie kennen gelernt?
Darüber habe ich nie nachgedacht. Aber wahrscheinlich ist die Insel in Polynesien sehr gefährlich, auf der ich mit meiner ersten Frau einmal lebte. Ganz in unserer Nähe war ein kleines Dorf, in dem jeder Lepra oder Elephantiasis hatte. Nur aus Glück haben wir uns damals nicht angesteckt.

Ihre Frau hat Sie auf Expeditionen begleitet?
Nur Liv, meine erste Ehefrau. Keine meiner späteren Frauen hätte das mitgemacht, so ganz ohne jeglichen Komfort.

War die Ehe für Sie ein Abenteuer?
Die Ehe halte ich für eine der ganz großen Dinge im Leben, und ich hätte schwören können, mich nie scheiden zu lassen. In den modernen Zeiten ist eine dauerhafte Ehe leider viel schwieriger als vielleicht noch vor hundert Jahren. Aber ich habe wirklich drei ganz bezaubernde Frauen gehabt, eine habe ich ja immer noch.

Sind Männer die größeren Abenteurer?
Das glaube ich nicht. Frauen sind oft mutiger als Männer. Bei meinen archäologischen Expeditionen waren immer Frauen dabei. Auf meinen Floßfahrten hatten wir leider nicht genügend Platz für sie.

Man sagt, Adrenalin sei für Männer eine Droge.
Vielleicht liegt das daran, dass Männer schon früher für die Jagd zuständig waren. Selbst Stadtmänner gehen vielleicht deshalb heute noch gern zum Angeln oder auf die Jagd.

Der Mensch ist nur unterwegs richtig zu Hause, sagte Bruce Chatwin.
Ich kenne den Herrn nicht, aber ich fühle mich jedenfalls überall zu Hause, solange ich mich nur auf diesem Planeten aufhalte.

Was hat Sie zur Jagd gebracht?
Ich habe meinem Vater schon mit fünf erzählt, dass ich lieber einmal Forscher werden wolle, als seine Brauerei zu übernehmen.

In Ihrer Biografie erwähnen Sie auch einen gewissen Aku-Aku.
Die Einwohner der Osterinseln meinten, ein Geist habe mir all die Geheimnisse ihrer Insel verraten. Sie wussten natürlich nicht, dass ich eine Menge gelesen hatte und gut vorbereitet auf die Insel kam. Ich wusste also genau, wo ich graben musste, um etwas zu finden. Für mich ist der Aku-Aku eine Kombination aus Intuition, Instinkt und, um einen populären Begriff zu gebrauchen, der Seele. Ein Teil des Selbst.

War es Ihr Aku-Aku, der Sie zum Abenteuer getrieben hat?
Das könnte man so sagen.

Haben Sie noch Abenteuer für die jüngeren Kollegen übrig gelassen?
Es ist ein großer Fehler, der Jugend weismachen zu wollen, dass bereits alles erledigt sei. Auf keinem anderen Planeten unseres Sonnensystems gibt es so viel zu entdecken. Meine Eltern lernten noch, die Menschheit sei erst zehntausend Jahre alt, in meiner Schulzeit waren es hunderttausend und heute sind wir schon bei zwei Millionen oder mehr. Unter dem Meer, unter der Wüste bleiben also noch

1,9 Millionen Jahre zu erforschen, von denen wir nicht den blassesten Schimmer haben. Erst kürzlich habe ich wieder eine verschüttete Pyramide auf Teneriffa entdeckt.

Haben Sie jemals Urlaub gemacht?
Meine Expeditionen sind meine Ferien. Aber an Neujahr habe ich tatsächlich das erste Mal richtig Ferien gemacht. Wir sind in die Wüste gefahren, um den Koran zu studieren.

Kein Strandurlaub?
An den Strand gehe ich nur zum Schwimmen. Mit der Sonne sollte man in meinem Alter etwas vorsichtig sein.

Roger Penrose
»Kreativität erkennt man nicht auf den ersten Blick«

Es gibt Mathematiker, die Papier und Bleistift nur brauchen, um der Nachwelt ihre genialen Erkenntnisse zu erhalten. Entworfen und durchgerechnet werden die Ideen im Kopf – auf einer Bergwanderung, beim Rasenmähen, in der Straßenbahn oder in einer stillen Kammer. Roger Penrose liebt es, Notizbücher vollzuzeichnen. Über ein Dutzend davon hat er bereits mit seinen bunten Kritzeleien gefüllt. Irgendwann wird ein Mathematikhistoriker diese Spuren des Denkens aufnehmen und für uns deuten. Für Roger Penrose selbst halten die Skizzen seine Kreativität in Gang. Er denkt geometrisch und rechnet in Bildern. Und wenn ihm nichts einfallen will, zeichnet er skurrile Männchen, die sich aus Spalten von Kuben zwängen. Damit führt er auf originelle Art die Familientradition fort. Sein Großvater war Maler und sammelte surrealistische Kunst. Manchmal kam der Avantgardekünstler Marcel Duchamp zu Besuch. Vielleicht war Duchamp sogar die Quelle für Penroses Erfindung: das Tribar, ein Dreieck mit unmöglichen Ecken, das später Grafiken von M. C. Escher inspirierte. Sir Roger Penrose ist seinen eigenen Weg gegangen und hat dabei einiges »Unmögliches« entdeckt: Geboren 1931 im englischen Colchester, Essex, begründete er seinen wissenschaftlichen Ruhm nicht mit dem Tribar, sondern in der Mathematik und Physik. Ihm gelang eine spezielle Parkettierung der Ebene, er erfand die Twistor-Theorie, um Einsteins Relativitätstheorie mit der Quantenmechanik zu vereinen, er war Doktorvater von Stephen Hawking und wurde zu einem gesuchten Buchautor und Redner in Sachen Quantenmechanik, Bewusstsein und künstliche Intelligenz. Das Gespräch führten André Behr und Lars Reichardt im Juli 1999 in Oxford.

Mathematiker, Physiker und Biologen nennen Sie den Meisterdenker. Wie wird man ein Superstar der Naturwissenschaften?
Ich bin nur ein Spieler. Mit ein paar Spielplätzen mehr als die anderen.

Seit wann zeichnen Sie auch?
Wenn Sie das überhaupt Zeichnen nennen wollen. Ich habe eigentlich nur eine Menge Notizbücher mit völlig ungeordneten Aufzeichnungen und Skizzen, die bis weit in meine Studienzeit in Cambridge zurückreichen. Ich denke gern visuell. In Bildern zu rechnen geht meist auch schneller. Komplizierte Berechnungen, für die man viele Seiten Papier bräuchte, lassen sich bildlich oft mit wenigen Strichen erledigen.

Haben Sie auch schon die Relativitätstheorie gemalt?
In gewissem Sinne, ja. Aber hauptsächlich finden sich unter den Notizen Zeichnungen zu meiner Twistor-Theorie und Ähnlichem. Wenn mir mal gar nichts einfällt, male ich Männchen. Je nach Laune. Wenn es kleine Monster sind, bedeutet es, dass die Dinge zu diesem Zeitpunkt gar nicht gut standen. Die Grenzen sind fließend. Manchmal weiß ich selbst nicht mehr, ob ich da nun komplizierte Mathematik gemacht oder einfach etwas hingekritzelt habe.

Warum gerade kritzeln?
Es ist sehr entspannend für mich. Und man kommt auf Ideen. Für den größten Teil der Mathematik, mit der ich mich beschäftige, brauche ich geometrische Bilder. Skizzen sind für mich nützlicher als Zahlen. Unter meinen Kollegen stehe ich damit allerdings ziemlich allein. Mathematiker haben große Schwierigkeiten mit bildlichen Darstellungen. Ich glaube, das liegt an unserer Ausbildung. Formeln lassen sich nun mal leichter überprüfen. Vielleicht sind dafür auch andere Teile des Gehirns zuständig. Dabei ist bildliche Vorstellungskraft in der Mathematik extrem wichtig.

Haben Sie Probleme mit Zahlen?
Mit Algebra komme ich schon zurecht, aber ich bin nicht sonderlich schnell darin. In der Geometrie fühle ich mich einfach wohler. Sie ist auch ästhetischer. Jedenfalls zeichne ich viel lieber und starre so lange darauf, bis ich ein mathematisches Problem gelöst habe. In einer langen Reihe von Rechnungen verzettele ich mich nur.

Schauen Sie sich Ihre alten Kladden manchmal an?
Manchmal, ja. Und oft bin ich überrascht, womit ich mich vor dreißig, vierzig Jahren beschäftigt habe. Manchmal sind da auch originelle Ideen versteckt.

Kommen Ihnen auch gute Ideen, wenn Sie gerade mal nicht zeichnen können?
Einmal hatte ich eine beim Überqueren einer Straße. Das war zu einer Zeit, als ich über ein passendes Kriterium für den Gravitationskollaps nachdachte.

Wie bitte?
Sagen wir einfach, ich versuchte einige Probleme besser zu verstehen, die im Zusammenhang mit schwarzen Löchern auftreten, als ich mit einem Kollegen spazieren ging. Einem unterhaltsamen Menschen, der sehr gern und ununterbrochen redet und es einem unmöglich macht, in seiner Gesellschaft an andere Dinge zu denken. Aber als wir eine Kreuzung überquerten, musste er kurz innehalten – und in diesem Augenblick hatte ich eine Idee.

Ihr Kollege kam vom Kontinent und hatte Schwierigkeiten mit dem englischen Linksverkehr?
Gut möglich, er hatte einige Jahre in Amerika gelebt. Als wir die andere Straßenseite erreichten, fing er leider sofort wieder an zu reden, und ich vergaß alles. Nachdem wir uns verabschiedet hatten, blieb nur ein vages Gefühl von Begeisterung, und ich fragte mich, warum eigentlich. In Gedanken ging ich den ganzen Tag noch mal durch, bis ich zu dem Augenblick kam, als wir die Straße überquerten. Da fiel mir alles wieder ein. Aber ohne diese seltsame Euphorie hätte ich mich nie erinnern können. Das passiert mir übrigens häufig. Wenn mich ein Problem beschäftigt, trage ich es ständig im Hinterkopf herum, auch wenn ich mich mit anderen Dingen beschäftige. Langweilt mich eine Unterhaltung, beginnen meine Gedanken zu wandern. Und ganz plötzlich sieht man das Problem aus einer anderen Perspektive oder findet ein entscheidendes Detail. Die veränderten Umstände können entscheidend sein. Poincaré …

... der französische Mathematiker der Jahrhundertwende ...
... war davon überzeugt, dass sich das Unterbewusstsein die ganze Zeit mit Problemen beschäftigen kann und irgendwann eine Lösung findet, die wir dann als Inspiration empfinden. Ich sehe das etwas anders. Ich glaube nicht, dass das Unterbewusstsein die Arbeit für uns erledigt.

Wie funktioniert Ihrer Meinung nach Kreativität?
Ein Kollege hat es einmal treffend so beschrieben: Wenn man in den Alpen eine Bergkette sieht und sich fragt, welcher der höchste Gipfel ist, hat man zunächst nicht die geringste Ahnung. Aber am nächsten Tag ist es offensichtlich. Irgendwie braucht die Beurteilung von Dingen eben ihre Zeit, und dann wird plötzlich klar, was man tun muss. In der Mathematik gibt es in der Regel sehr viele Wege zur Lösung eines Problems. Und irgendwann weiß man einfach, welchen man einschlagen muss. An Inspiration, den Lichtstrahl aus dem Nichts, glaube ich nicht. Es sind eher viele kleine Evidenzen, kleine Entscheidungen, die eine Lösung auf einmal zwingend erscheinen lassen.

Inspiration gibt es gar nicht?
Wenn überhaupt, nur sehr selten. Ideen zu haben ist überhaupt kein Problem. Das Entscheidende ist, zu wissen, welche davon gut sind.

Haben Sie auch manchmal unsinnige Einfälle?
Natürlich, die meisten Ideen sind nutzlos. Es kommt darauf an, einige wenige am Köcheln zu halten, bei denen man spürt, dass sie richtig sein könnten.

Brauchen gute Ideen ein Copyright?
Das erhält man eigentlich automatisch mit der Veröffentlichung einer Skizze oder Idee.

Sie haben einige Dinge erfunden, für die Sie nie ein Copyright beansprucht haben.
Das ist ein heikles Thema, und ich weiß nicht, ob ich überhaupt darüber sprechen sollte. Es gab da nämlich gerade einen Prozess, oder

besser gesagt, man einigte sich außergerichtlich. Es ging um Toilettenpapier.

Toilettenpapier?
Richtig. Aber ich muss etwas vorsichtig sein mit dem, was ich sage. Die Einigung ist, soweit ich weiß, noch nicht unterschrieben.

Was hat einer der bedeutendsten Mathematiker dieses Jahrhunderts beruflich mit Toilettenpapier zu tun?
Als wir in Oxford unser neues Haus bezogen, fand meine Frau eine Rolle unseres Vormieters. Mit einem meiner Muster, das auf einer mathematischen Idee fußt, den nicht periodischen Teilungen einer Ebene. Die Frage war nun, ob die Toilettenpapierfirma mein Copyright verletzt hat oder ob es sich um ein mathematisches Prinzip und somit um öffentliches Eigentum handelt. Mich persönlich betrifft die Angelegenheit weniger als die Firma Pentaplex, an die ich meine Rechte für Puzzles und Designs abgetreten habe.

Auch die Rechte für die unendliche Treppe?
Nein. Die Treppe ist inzwischen von unzähligen Leuten kopiert worden, ohne dass ich eingeschritten wäre. Es ist ja nur Papier, und ich habe schließlich nie gezeichnet, um damit Geld zu verdienen.

Immerhin hat Ihre Treppe auch den berühmten holländischen Zeichner M. C. Escher inspiriert.
Er übernahm das Dreieck mit den unmöglichen Ecken von mir und meinem Vater als Motiv. Auch seine Treppe, sein Wasserfall und sein Belvedere-Turm basieren auf unserem Dreieck.

Hat wenigstens Herr Escher für das Copyright bezahlt?
Nein, wir wurden später Freunde, und ich besuchte ihn auch in Holland. Er hat immer anerkannt, dass diese Ideen von uns stammen. Bei seiner letzten Zeichnung, den Geistern, half ich ihm auch bei der Berechnung einer komplizierten Mosaikform.

Woher kannte Herr Escher die stille Leidenschaft eines damals noch unbekannten englischen Mathematikers?
Als Student war ich einmal auf einem Mathematikerkongress in Amsterdam. Einer der Redner hatte einen Ausstellungskatalog mit den seltsamen Bildern Eschers dabei, von dem ich bis dahin noch nie etwas gehört hatte. Danach fing ich auch an, seltsame Dinge zu erfinden. Den so genannten Tribar zum Beispiel, das Dreieck mit den unmöglichen Ecken. Oder den Spielzeugzug, aus dem kleine Menschen steigen, eine Leiter hochklettern und zu denen werden, die mit dem Zug spielen. Mein Vater entwickelte diese perspektivischen Täuschungen weiter, entwarf große Gebäude und die unmögliche Treppe, die rundherum geht. Wir hatten keine Ahnung, wie wir das Kind nennen sollten, aber 1958 veröffentlichte ein befreundeter Psychologe unsere Zeichnungen in seiner Wissenschaftszeitung.

Sie stammen aus einer Künstlerfamilie. Liegt Kreativität in den Genen?
Mein Großvater war sogar professioneller Porträtmaler, mein Bruder zehnfacher britischer Schachmeister, und mein Vater war Professor für Humangenetik. Er untersuchte den Einfluss von Vererbung und Umwelt auf die Intelligenz. Seine Antwort war: Es gibt keinen eindeutigen Faktor, dazu gibt es zu viele Einflüsse.

Erkennt man Genie am Intelligenzquotienten?
Ich bin diesen Tests gegenüber etwas skeptisch.

Haben Sie mal einen absolviert?
Zwei sogar. Einmal, mit acht Jahren, lag ich etwas über 160 Punkten. So genau weiß ich das nicht mehr. Mein Bruder hatte noch mehr, den höchsten Wert in ganz Kanada, wo wir damals lebten. Wir waren eben beide sehr geübt im Rätselraten. Beim zweiten Mal hatte ich nur noch um 130, was meine Tester natürlich als großen Rückschritt empfanden. Aber IQ-Tests sind sicherlich kein geeignetes Mittel, um Intelligenz zu beurteilen.

Sie sind der Doktorvater von Stephen Hawking. Haben Sie bei ihm gleich geahnt, dass er einmal ein großer Wissenschaftler werden würde?
Kreativität erkennt man nicht auf den ersten Blick. Aber Stephen war schon als Student sehr scharfsinnig. Er konnte fremde Gedanken sehr schnell zu etwas Eigenem weiterentwickeln. Berühmt wurde er ja vor allem durch seine Arbeit über schwarze Löcher, in der er Einsteins allgemeine Relativitätstheorie mit der Quantenmechanik zusammenbrachte. Viele Leute haben so etwas inzwischen versucht, aber ich würde sagen, dass Stephens Arbeit der einzig etablierte Ansatz geblieben ist.

In der Mathematik gab es viele verkannte Genies. Eines der bekanntesten ist sicherlich der Inder Srinivasa Ajyangar Ramanujan, der kein Geld für die Universität hatte und schon mit dreiunddreißig Jahren Anfang des Jahrhunderts starb.
Oh ja, Ramanujan war ein faszinierender Mann. Er besaß nichts als ein ziemlich veraltetes Mathematikbuch. Er war arm und vom Wissenschaftsbetrieb lange isoliert. Als Autodidakt entwickelte er seine eigenen Ideen zur Zahlentheorie. Das Phänomen der Autodidakten ist im Zusammenhang mit Kreativität sehr aufschlussreich. Es ist wichtig, selbst nachzudenken. Viele Wissenschaftler neigen dazu, bei einem Problem in die Bibliothek zu rennen und nachzuschlagen, wie andere das gelöst haben. Ich war dazu immer zu faul. Ein Buch zu lesen ist schrecklich zeitaufwendig.

Gibt es viele Spinner in der Mathematik?
Enorm viele. Fünfzig Prozent meiner Korrespondenz würde ich am liebsten ungelesen in den Papierkorb schmeißen.

Und warum tun Sie es nicht?
Weil sich unter den vielen Spinnern eben auch ein Ramanujan finden könnte. Er hat viele Professoren angeschrieben, Hardy war der einzige, der ihm geantwortet hat. Ohne diesen englischen Zahlentheoretiker hätte Ramanujan seine Anerkennung wohl kaum erlebt.

Mathematiker leben anscheinend gefährlich, viele Genies wurden mit der Zeit verrückt. Der Logiker Kurt Gödel, ein Freund Einsteins, hungerte sich zu Tode, weil er fürchtete, vergiftet zu werden.
Das alte Lied von Genie und Wahnsinn. Ja. Man müsste dazu einmal eine Statistik erstellen. Ich bin mir sicher, die Logiker würden unter allen Mathematikern am schlechtesten abschneiden. Aber kennen Sie die seltsame Geschichte von Nash?

John Nash, dem Wirtschafts-Nobelpreisträger?
Genau der. Nash war eigentlich Mathematiker, ein hervorragender Mathematiker, einmal durfte ich ihn auf einem Kongress erleben. Irgendwann wurde er tatsächlich verrückt, man diagnostizierte Schizophrenie und schickte ihn in eine Irrenanstalt. Als man ihm schließlich den Nobelpreis verlieh für eine frühere mathematische Arbeit, die sich inzwischen in der Wirtschaft bewährt hatte, da wurde er plötzlich wieder gesund. Der Nobelpreis heilte ihn. Vielleicht formuliere ich das jetzt etwas dramatisch, aber offensichtlich geht es ihm heute wieder richtig gut. Natürlich sagt das nichts darüber aus, ob Genie und Wahnsinn wirklich zusammengehören.

Vielleicht sollte man allen verrückten Wissenschaftlern zur Genesung einen Nobelpreis überreichen?
Ich glaube nur, dieses Experiment ließe sich etwas schwierig realisieren.

Computer werden nicht krank.
Doch. Sie können von Viren befallen werden.

Warum können Computer Ihrer Meinung nach nicht kreativ denken?
Das ist eine schwierige Frage, denn dazu müssten wir ja wissen, was Kreativität genau ist. Neulich hörte ich von einem Komponisten, der versuchte, seine Maschine dazu zu bringen, wie Mozart oder Beethoven zu komponieren. Aber der Punkt ist doch: Der Computer hat keine Möglichkeit, zu sagen, welche seiner Werke gut und welche schlecht sind. Diese Wahl trifft der Programmierer. Wie ich schon sagte, die Ideen sind nicht das Problem. Entscheidend ist, die guten herauszufinden. Dazu braucht man Kriterien. In der Kunst

sind das auch emotionale Werte. Und Computer haben keine Gefühle, keine Erfahrung, kein Bewusstsein.

Auch keine Intuition?
Intuition setzt Fühlen voraus, und man muss etwas verstehen, um intuitiv sein zu können. Die Forscher auf dem Gebiet der künstlichen Intelligenz behaupten sogar, dass ihre Maschinen Bewusstsein hätten, aber ich glaube das nicht. Es sieht manchmal nur so aus. Wie unterrichtet man Studenten? Man versucht ihnen Verständnis beizubringen. Verständnis in Prüfungen abzufragen ist aber sehr schwierig. Viele wenden einfach nur die Regeln an, ohne etwas begriffen zu haben.

Wie bringen Sie Ihren Studenten Kreativität bei?
In meiner Gruppe geht es sehr entspannt zu. Ich möchte da keine allgemein gültigen Gesetze aufstellen, aber ich glaube, um kreativ zu denken, ist es ganz wichtig, locker zu sein. Sehen Sie, mein Vater und meine zwei Brüder, wir machten immer lange Spaziergänge, bei denen die drei im Kopf Schiffe versenken spielten. Mein Vater war der Schiedsrichter, der beide Stellungen kannte, und ich fungierte bei dem Spiel als Bote. Die ganze Zeit über spielten wir, lösten Rätsel und Puzzles, und mein Vater erklärte uns die Pflanzen und die Sterne. Er war darin ein Amateur, aber er hat uns beigebracht, dass die Freude im Leben das Wichtigste ist. Die Mathematik macht mir heute noch Spaß.

Ist Mathematik nicht nur ein Werkzeug?
Natürlich steht dahinter der große Drang, die Welt zu verstehen, also die Physik. Aber Mathematik ist für mich mehr als ein Instrument. Manchmal sind Rechnungen völlig unnütz, aber dennoch faszinierend. Ich liebe die Mathematik. Für Außenstehende sieht es ohnehin meistens vollkommen nutzlos und verrückt aus, womit wir uns beschäftigen. Deswegen ist es auch schwer, mit anderen darüber zu reden.

Müssen brillante Mathematiker aufsässig sein? So wie Evariste Galois, der im vergangenen Jahrhundert mit einundzwanzig Jahren bei einem Duell starb und in der Nacht zuvor sein mathematisches Testament aufschrieb?
Im Fall Galois gibt es, soweit ich weiß, Hinweise, dass sein Tod politische Hintergründe hatte. Er war sicherlich ein Rebell. In der Gesellschaft wie in der Mathematik. Aber er war für seine Probleme auch selbst verantwortlich. Dass man seine mathematischen Vorschläge und Ideen nicht verstand, frustrierte ihn sehr. Aber ein guter Mathematiker muss nicht rebellisch sein, sondern nur unabhängig im Denken. Es gibt auch Mathematiker, die in ungewöhnliche Richtungen vorstoßen und sich nicht an der Ignoranz der anderen stören.

Auf der Welt gibt es vielleicht zehn Menschen, die Ihre Arbeit wirklich verstehen und schätzen können. Ganz allein sind Sie also nicht. Aber muss man nicht doch zumindest introvertiert sein, um ein herausragender Mathematiker zu werden?
Wahrscheinlich ist es tendenziell richtig, dass Mathematiker von den Aktivitäten um sie herum abgeschnitten leben und sich in ihre eigene innere Welt zurückziehen. Das muss man auch tun, um sehr gut zu werden und ein eigenes stringentes Gedankengebäude zu errichten. Der Brite Andrew Wiles ist ein gutes Beispiel dafür. Sieben Jahre lang erzählte er niemandem, woran er arbeitete, bis er die Fermat'sche Vermutung endlich bewiesen hatte.

Die Vermutung, dass $a^2+b^2=c^2$ bei höheren Potenzen im Bereich der ganzen Zahlen nicht funktioniert. Vielleicht hatte er auch nur Angst, dass ihm jemand diesen mehr als dreihundert Jahre gesuchten Beweis stehlen könnte.
Ja, und ich verstehe das. Ich habe auch einige Jahre mit dem Versuch verbracht, das Vierfarbenproblem zu lösen.

Aber Sie konnten nicht beweisen, ob vier Farben ausreichen, jede Landkarte so einzufärben, dass gleichfarbige Länder keine gemeinsame Grenze haben.
Leider. Trotzdem muss man sich als Wissenschaftler seine eigene Welt schaffen, in die man sich zurückziehen kann, in der man sich

geschützt fühlt. In meiner Kindheit herrschte ja auch nicht immer nur Harmonie und Frieden. Wenn es Krach gab, konnte ich mich in meine Welt der Mathematik zurückziehen. Die Stärke und Stabilität dieser inneren Welt ist letztlich das Einzige, worauf man sich verlassen kann.

Ist Mathematik Religion?
Oh je, darüber rede ich überhaupt nicht gern. Aber fragen Sie nur, dann haben wir es hinter uns.

Gödel, sagt man, glaubte in einem religiösen Sinn an die Kraft der Mathematik.
Okay, Gödel war ein Mystiker. Selbstverständlich respektiere ich religiöse Menschen, auch wenn ich nicht in der konventionellen Auffassung des Wortes religiös bin. Sicherlich gibt es etwas außerhalb unserer heutigen wissenschaftlichen Weltsicht, aber ich denke nicht, dass dies immer so bleiben wird. Ich habe eine Art platonische Weltanschauung in Bezug auf die Mathematik, wie sicherlich auch Gödel. Die mathematischen Dinge existieren außerhalb unseres Kopfes, wir erfinden sie nicht, sondern entdecken sie. Da steckt nicht viel Religion dahinter. Es gibt sicher auch einen Zusammenhang zwischen mathematischer Wahrheit und Schönheit. Auch Moral ist ein wichtiger Faktor, sobald man über Bewusstsein spricht. Diese Fragen sind in einem tieferen Sinn zusammenhängend. Aber ich weigere mich, das Religion zu nennen. Eines Tages werden wir wohl Einblick in diese Dinge haben.

Sie glauben, wie Hawking, an die Existenz der Weltformel, einer alles vereinenden Theorie?
Nein, überhaupt nicht. Keiner der heutigen Ansätze zur Vereinigung von Quantenmechanik und allgemeiner Relativitätstheorie oder gar für eine so genannte Weltformel kann richtig sein.

Aber die Superstring-Fraktion, die an winzigste elementare Strukturen glaubt, gibt sich sehr optimistisch.
Ach, die reden von höheren Dimensionen, die eingerollt sind. Daran glaube ich nicht. Forscher müssen von ihren eigenen Theorien

entzückt sein, sonst können sie ihre Arbeit nicht erledigen. Aber sie sollten nicht jedem erzählen, das sei die Theorie, an der alle anderen mitarbeiten müssten. Dieses Auftreten beunruhigt mich ein wenig.

Ihr neues Buch wird ›Der Weg zur Realität‹ heißen. Wird die Mathematik die Welt je verstehen können?
Ich behaupte nicht, zu wissen, was Realität ist, sondern möchte nur den Weg weisen. Mein Buch handelt von der wechselseitigen Beziehung zwischen Mathematik und Physik, wenn man Realität mit den Mitteln der Mathematik zu verstehen sucht.

Der Weg ist das Ziel?
Vielleicht. Aber vielleicht ändert der Verleger auch wieder im letzten Augenblick den Titel.

Wer war Ihrer Meinung nach der kreativste Mathematiker?
Euler, Riemann und natürlich Gauss sind bekannte Größen, deswegen möchte ich den englischen Physik-Nobelpreisträger Paul Dirac nennen. Ich weiß, was er geleistet hat. Ich habe nie länger mit ihm gesprochen, auch er war ein sehr seltsamer Mensch.

Wie antwortet ein kluger Mensch auf dumme Klischees? Japaner sind nicht kreativ, heißt es immer wieder, und Engländer können nicht kochen.
Das Erste ist völliger Quatsch, das Zweite auch, wenn es auch mit etwas größerer Wahrscheinlichkeit stimmen könnte. Aber ich muss das schon allein meiner Frau zuliebe zurückweisen, die eine ganz ausgezeichnete Köchin ist. Und wir Engländer machen doch wirklich ganz gute Fortschritte beim Kochen. Es gibt also Hoffnung für dieses Land, nicht wahr?

John F. Nash
»Gehen Sie der Logik aus dem Weg«

Unverschämtes Glück – was das für Zeitungsleute bedeutet? Wenn jemand wie die Wissenschaftsautorin Sylvia Nasar von der ›New York Times‹ so freundlich ist, eine Interviewanfrage an jemanden wie John F. Nash junior (über den sie zwar gerade eine preisgekrönte Biografie geschrieben hat, der ihr selbst aber jedes Interview verwehrte) weiterzuleiten und mit einer Empfehlung zu versehen. Wenn dieses kontaktscheue Mathematikgenie, Jahrgang 1928, gerade in jener Woche bei seiner Biografin zum Essen eingeladen ist, tatsächlich erscheint und sie ausgerechnet diesen Abend dazu benutzt, für die deutschen Kollegen zu antichambrieren. Wenn John Nash dabei ausnahmsweise einmal gut gelaunt ist, weil Brad Pitt gerade erklärt hat, dass er Nasars Nash-Biografie so spannend fand, dass er bei der Verfilmung unbedingt die Hauptrolle spielen will. Wenn der selbst unter Kollegen als unpünktlicher Sonderling verrufene Wissenschaftler zum daraufhin verabredeten Zeitpunkt auch tatsächlich in Princeton, New Jersey, anzutreffen ist. Wenn dieser kluge, freundliche, elegante, höfliche, eher abstinente Nobelpreisträger Lust auf zwei Biere in einer benachbarten Bar verspürt, die Bedienung ausnehmend langsam ist und er währenddessen keiner noch so intimen Frage nach seiner Krankheit aus dem Weg geht. Das Interview führten André Behr und Lars Reichardt im November 1999 in Princeton.

Mr Nash, Ihr früherer Kollege am Massachusetts Institute of Technology in Boston, Norbert Wiener, befürchtete ständig, verrückt zu werden. Ist diese Angst für Mathematiker typisch?
Mathematik erfordert sicherlich ein hohes Maß an Abstraktionsvermögen, und ein durchschnittlicher Geist kann da nicht viel ausrichten. Aber grundsätzlich glaube ich nicht, dass sich Wahnsinn auf Mathematiker beschränkt.

Ihr französischer Kollege Alexandre Grothendieck ist tatsächlich schwer erkrankt.
Er verhält sich wirklich etwas seltsam.

Er soll Eremit in den Pyrenäen geworden sein.
Vielleicht in Andorra, ja. Aber viele Mathematiker hören einfach auf, weil das Rechnen so anstrengend ist. So wie der Bruder von Simone Weil, André – er hat ein sehr schönes Buch über die Zahlentheorie geschrieben. Sie können ihn auf dem Foto hier an der Wand sehen. Er wurde dann sehr alt und starb erst mit achtundachtzig.

Glauben Sie nicht an die aristotelische Vermutung, Wahnsinn und Genie gehörten untrennbar zusammen?
Diese Frage stellt sich immer wieder. Sogar Isaac Newton soll ja eine Zeit lang geistig aus dem Lot gewesen sein, als er sich mit Alchimie beschäftigte. Trotzdem fällt es schwer, zu beurteilen, ob selbst ein so intelligenter Mensch wie er zeitweise wirklich wahnsinnig oder einfach nur dumm war.

Worauf sollte ein junger Mathematiker Ihrer Meinung nach unbedingt achten?
Um nicht wahnsinnig zu werden?

Ja.
Also gut, ich würde ihm zumindest raten, der Logik aus dem Weg zu gehen.

Haben Sie Logik studiert?
Ich habe während meines Studiums nur einmal eine Vorlesung in Logik besucht.

Sie haben lieber gespielt?
Als Studenten haben wir versucht, alle möglichen Spiele mathematisch zu lösen. In dieser Zeit entstand die Spieltheorie.

Was kann man vom Spielen lernen?
Das ist eine sehr tiefe Frage. Spieltheoretiker denken über das menschliche Verhalten nach. Ich gehe dabei von dem Idealfall aus, dass sich alle vernünftig verhalten wollen. Das kann natürlich in die Irre führen. Wenn Sie einem richtig üblen Kerl über den Weg laufen, würde ich Ihnen raten, sich lieber nicht an die mathematischen Gesetze mei-

ner Theorie zu halten. Manchmal ist menschliches Verhalten eben sehr instinktiv. Theoretisch könnte man die Spieltheorie auch auf die Evolution der Gene anwenden und versuchen, mit ihr die Instinkte zu erklären. Aber das ist natürlich sehr subtil.

Spielt ein Nobelpreisträger für Wirtschaft auch an der Börse?
Mit Aktien bin ich wirklich nur ein Amateur. Ich hatte viele Jahre lang so wenig Geld, dass ich da überhaupt nicht mitmachen konnte. Ich investiere eigentlich erst wieder seit dem Jahr 1995, als das Preisgeld aus Stockholm kam.

Mit Erfolg?
1997 hat mich die Thailandkrise erwischt. Heute werfen die internationalen Fonds wieder mehr ab als amerikanische Aktien, deshalb kam dieses Jahr wieder etwas Geld rein. Und Immobilienfonds sind recht interessant, wenn man etwas davon versteht. Aber stellen Sie sich bloß nicht vor, dass man durch den Nobelpreis reich wird. Die Steuern in New York City sind so hoch, dass ein Preisträger ihn letztes Jahr lieber gleich gestiftet hat.

Sie leben doch in Princeton, New Jersey.
Ich musste nur etwa 35 Prozent Steuern zahlen. Aber ich habe mir die Million Dollar auch mit zwei anderen Kollegen geteilt.

Kann der Erfinder der Spieltheorie uns verraten, wann der nächste Börsencrash bevorsteht?
Der ist so unvorhersehbar wie ein Flugzeugabsturz. Und wissen Sie, mit den Ökonomen ist es wie mit den Ärzten: Jeder gibt Ihnen einen anderen Rat.

Die Spieltheorie, zu der Sie wichtige Beiträge geliefert haben – wem nützt die?
Man wendet sie beim Militär an, auch in der Politik und natürlich in der Wirtschaft, etwa bei Firmenfusionen oder Börsengängen von Banken, so wie jüngst bei Crédit Lyonnais in Frankreich. Aber es gibt keinen Beweis, dass die Spieltheorie tatsächlich irgendwo entscheidend helfen kann. Man könnte sich durchaus fragen, warum

jemand, der strategisch denken kann, sie überhaupt erlernen sollte. Darüber kann man diskutieren. Es gibt inzwischen alle möglichen Formeln, nur weiß niemand, ob es die richtigen sind. Deshalb suche ich heute nach Modellgleichungen, mit denen sich individuelle Entscheidungen durchrechnen lassen.

Das Nobelpreiskomitee hielt die Theorie nach fast fünfzig Jahren Erprobung jedenfalls für ausreichend bewährt.
Die Spieltheorie ist recht einfach, wenn man voraussetzt, dass die beteiligten Spieler partout nicht kooperieren wollen. John von Neumann …

… der damalige Leiter des Princeton-Instituts …
… wendete sie ja ursprünglich fürs Pokerspielen an, also für einen Fall, bei dem Spieler nicht kooperieren. Meine Spieltheorie entspricht eher dem Bridge. In der Wirtschaft ist sie sehr nützlich: Eine Fusion von drei Firmen etwa entspricht einem kooperativen Drei-Personen-Spiel.

Sie haben auch einmal ein Gesellschaftsspiel erfunden.
Ja, Hex. Mein Pech war nur, dass ein anderer das Spiel unabhängig von mir etwas früher erfunden hat.

Spielen Sie Hex heute noch?
Ich habe kein Brett. Aber inzwischen kann man das alles auf dem Computer oder im Internet spielen: Hex, Go und sogar Schach.

Spielen Sie mit Ihrem Sohn?
Wir spielen seit einiger Zeit nicht mehr zusammen. Er hat, wie Sie vielleicht wissen, ebenfalls ein mentales Problem.

Ihr Sohn John – er ist mittlerweile vierzig Jahre alt – war in seiner Jugend ein viel versprechender Schachspieler, bevor er krank wurde.
In der amerikanischen Wertungsliste kam er auf eine Elo-Punktzahl von 2301, das ist recht viel. Aber er hat aufgehört zu spielen. Man ist der Meinung, er sei schizophren.

Glauben Sie das nicht?
Es gibt genetische Veranlagungen, die den Ausbruch einer solchen Krankheit mehr oder weniger wahrscheinlich machen. Und bei mir hatte man auch Schizophrenie diagnostiziert. Da fällt es schwer, bei ihm an eine andere Geisteskrankheit zu glauben.

Was verstehen Sie unter geisteskrank?
Es gibt Geisteskrankheiten, bei denen man nach dem Tod das Gehirn sezieren und feststellen kann, welche Strukturen sich verändert haben. Bei Alzheimer zum Beispiel.

Sie galten selbst mehr als dreißig Jahre Ihres Lebens als unheilbar schizophren.
Es waren eher fünfundzwanzig. Aber Schizophrenie ist nur ein Wort. Im Sommer war ich in Chicago bei einem nationalen Treffen ehemaliger Geisteskranker. Man debattierte, ob man den Begriff Schizophrenie nicht völlig ersetzen sollte. Das ist wie in der Politik, wo man um der politischen Korrektheit willen ständig neue Wörter erfindet. Das Wort ist tatsächlich nicht sehr wissenschaftlich – das Gehirn eines Schizophrenen ist schließlich nicht wirklich zweigeteilt. Der Begriff stammt, soweit ich weiß, von einem Schweizer.

Eugen Bleuler, 1911.
Jedenfalls denke ich, solange man nicht ein wirklich besseres Wort dafür findet, sollte man es einfach dabei belassen.

Sie sprachen von Ihrer Krankheit auch einfach als von einer Phase der Irrationalität.
Ich habe mir zu dieser Krankheit ein paar Gedanken gemacht, das stimmt. Ich glaube, Schizophrenie ist eine Frage der Entscheidung, man wählt diesen Zustand der Irrationalität in gewissem Sinne selbst. Etwa so, wie man sich im Krieg in den Fuß schießt, um nicht an die Front zu müssen. Man wird vielleicht zu einer Gefängnisstrafe verurteilt, aber entgeht so dem Risiko, getötet zu werden. Es gibt Situationen im Leben, in denen es durchaus attraktiv erscheinen kann, wahnsinnig zu werden. Zum Beispiel, um nicht arbeiten zu müssen. Mein Sohn wollte eigentlich nie richtig arbeiten und Geld verdienen.

Ihnen sind in den fünfziger Jahren einige sehr bedeutende mathematische Beweise gelungen. Wollten Sie sich fünfundzwanzig Jahre lang vor der Arbeit drücken?
Unsere Fälle sind nicht identisch. Ich glaube, mein Sohn will irgendwie wie sein Vater sein. Er meint, er könne wie ich auch durch diese Krankheit gehen. Das ist sein Problem.

Ihr Sohn galt ebenfalls als hoffnungsvoller Mathematiker. Er wurde ohne regulären Schul- oder Universitätsabschluss zur Promotion zugelassen.
Aber er hat vorher nicht so viel gearbeitet wie ich und ist schon als Jugendlicher krank geworden. Er hat sicherlich die Anlagen zu einem guten Mathematiker, aber man muss wirklich exzellent sein und außerdem hart arbeiten.

Auch Ihnen wurde nachgesagt, eher ein Naturtalent zu sein als ein harter Arbeiter.
Mein Geist konnte arbeiten und arbeiten, und ich hoffe, er kann es inzwischen wieder. Ein Kind lernt auch zu gehen, ohne dass es wie harte Arbeit aussieht. Kinder lernen so viel, bevor sie überhaupt wissen, was Arbeit ist. Ich glaube, das gilt auch für die Mathematik.

Ist die Mathematik eine Obsession?
Kann sein.

Worum geht es in der Mathematik eigentlich?
Die lexikalische Antwort würde wohl lauten, dass Mathematik ein griechisches Wort ist und damals neben Geometrie und Arithmetik auch die Musik umfasste – Bachs Kompositionen haben ja auch mathematischen Charakter. Ich beschreibe die Mathematik lieber als eine präzise Sprache, mit der man die Welt quantitativ erklären und sich über diese Ergebnisse auch verständigen kann. Mathematik funktioniert wie eine Schreibmaschine. Die Buchstaben bilden einzelne Inhalte, Kommas und Punkte die gemeinsame Grammatik.

Sind alle Mathematiker musikalisch?
Im Prinzip – ja. Ich war als Kind im Chor.

Noch als Professor hatten Sie die Angewohnheit, beim Nachdenken laut zu pfeifen.
Bach, ja, obwohl das ohne Kontrapunkt und Harmonien sehr schwierig ist. Beim Pfeifen muss man sich ja auf die Melodie beschränken.

Pfeifen Sie heute noch?
Ich bin etwas aus der Übung gekommen.

Anfang der sechziger Jahre begannen Sie anderen Professoren kryptische Botschaften zu hinterlassen, $-N^5+I^5+X^5+O^5+N^5=0$ zum Beispiel, eine Anspielung auf Nixon. Sie haben Ihre Studenten auch vor UFOs gewarnt.
Ich bin durch verschiedene Stadien des Denkens gegangen und war davon überzeugt, dass die Ideen, die ich hatte, richtig waren, denn sie kamen mir auf die gleiche Art und Weise wie meine mathematischen Ideen. Deshalb kam ich anfangs gar nicht auf den Gedanken, dass ich wirklich wahnsinnig sein könnte.

Wegen Ihrer ungewöhnlichen Vorstellungskraft galten Sie vor dem Ausbruch Ihrer Krankheit als intuitiv begnadeter Wissenschaftler.
Intuition ist großartig, okay. Aber was ist sie eigentlich? Der Begriff Intuition lässt sich nicht präzise definieren. Albert Einstein hat immer von sich behauptet, physikalische Einsichten vor allem seiner Intuition zu verdanken. Aber wenn man seine Arbeiten studiert, erscheint die Abfolge der Gedanken extrem logisch. Sicherlich konnte er festgefahrene Muster umgehen, selbst das Dogma der Quantenmechanik hat er nie akzeptiert. Es ist jedenfalls gar nicht einfach, zu wissen, wie man denkt. Wir verstehen noch überhaupt nicht, wie unser Gehirn arbeitet. Die internen Prozesse greifen irgendwie alle ineinander.

Auch Sie haben sich mit der Quantenmechanik beschäftigt.
Ich habe damals darüber nachgedacht, aber keine wirklichen Fortschritte erzielt.

Haben Sie Ihre mathematischen Beweise eher in Bildern oder in Formeln gedacht?
Ich denke, dass ich ein guter geometrischer und räumlicher Denker bin, aber ich glaube kaum, dass ich dafür den Beweis antreten könnte.

Wann wurde Ihnen klar, dass Sie krank sind?
Es war ein sehr langsamer Prozess. Ich kam immer wieder in die Klinik und wurde zurechtgebogen. Sobald ich rauskam, war ich aber stets aufs Neue davon überzeugt, dass ich Recht hatte und nicht die anderen.

Damals reisten Sie auch quer durch Europa.
Ja, das war schön. Ich habe einige Monate in Paris gelebt und bin mit dem Auto nach Italien und in die Schweiz gefahren. Später, als sie merkten, dass ich irre war, musste ich irgendwann den Führerschein abgeben. Ich versuche gerade, ihn wieder zu machen. Die theoretische Prüfung habe ich schon bestanden.

Haben Sie Ihr altes Auto noch?
Nein, ich musste es irgendwann verkaufen. Aber Mrs Nash, Mrs Alicia Nash, hat eines. Sie fährt jeden Tag damit zur Arbeit. Und mein Sohn, der ja auch nicht mehr fahren darf, hat seines noch.

Anfang der sechziger Jahre lebten Sie auch für einige Wochen in der DDR. Was haben Sie dort gemacht?
Ich kann mich nicht mehr erinnern. Ich weiß nur, dass man damals noch ohne Pass einreisen konnte. Das war vor dem Mauerbau. Kürzlich war ich wieder in Berlin. Leider war da die Mauer schon weg. Ich habe sie nie gesehen.

Es gab damals Gerüchte, Sie hätten geheime Rüstungsprojekte verraten wollen, an denen Sie in den fünfziger Jahren arbeiteten.
Meine politischen Vorstellungen habe ich bald wieder aufgegeben. Als ich älter wurde, begann ich mich mit Philosophie zu beschäftigen.

Was waren denn so Ihre politischen Vorstellungen?
Ich dachte, ich sei eine Art Messias und man habe sich gegen mich verschworen. Deswegen teilte ich die Menschen in gute und böse ein.

Sie versuchten damals sogar, Ihre amerikanische Staatsbürgerschaft abzulegen.
Ich verlor dann aber allmählich meine Illusionen und beschloss, mit der Politik aufzuhören.

Verdanken Sie die Gesundung Ende der achtziger Jahre vor allem Ihrem eigenen Willen?
Es war nicht nur eine Frage des Willens. Aber wenn man zu dick ist und eine Diät durchhalten will, schafft man es eher, wenn man den Willen dazu hat.

Spielte das Alter für Ihre Heilung eine Rolle?
Vermutlich. Es gibt statistische Untersuchungen darüber: Acht Prozent aller Schizophrenen können geheilt werden, die meisten davon im Alter. Die Heilung geschieht nicht abrupt. Man durchläuft verschiedene Stadien und Muster von Verwirrtheit. Das Verhalten meines Sohnes ändert sich auch von Zeit zu Zeit.

Haben Ihnen Medikamente geholfen?
Irgendwann in den siebziger Jahren habe ich beschlossen, keine mehr zu nehmen. Ich kann also nicht sagen, ob sie geholfen haben oder nicht. Außerdem waren die Medikamente, als ich krank wurde, bei weitem noch nicht so ausgereift wie heute.

Haben Sie die Medikamente im Einverständnis mit den Ärzten abgesetzt?
Ich beschloss eines Tages einfach, keine mehr zu nehmen. Genauso wie ich damals beschloss, mit dem Rauchen anzufangen.

Ist es etwa in den altehrwürdigen Hallen der Princeton-Universität heute noch erlaubt, zu rauchen?
Im eigenen Büro können sie es einem wohl nicht verbieten, wenn man das Fenster öffnet. Vor einem Jahr habe ich allerdings wieder aufgehört.

Nimmt Ihr Sohn Medikamente?
Er nimmt einige, von Zeit zu Zeit. Sie helfen bei ihm nur nicht besonders. Es wird ständig versucht, neue Mittel zu finden, aber im Grunde versteht man bis heute nicht, wie sie wirken. Mein Sohn lebt bei mir und Mrs Nash. Eine Klinik wäre zu teuer.

Sie nennen Ihre Frau immer noch Mrs Nash? Sie hat sich doch Anfang der siebziger Jahre von Ihnen scheiden lassen.
Wir leben schon lange wieder zusammen und überlegen gerade, noch mal zu heiraten. Es sind da nur noch einige Steuerfragen zu klären.

Helfen Elektroschocks gegen Schizophrenie?
Ich weiß es nicht. Ihre Wirkung ist nicht völlig klar. Ebenso wenig, wie schlimm die Nebenwirkungen sind. Man verliert einen Teil seines Gedächtnisses, so viel steht fest; fraglich ist nur, wie viel. Natürlich sind Elektroschocks vor allem ein Mittel, die Leute so zurechtzustutzen, dass die Gesellschaft mit ihrem Wahnsinn einigermaßen zurechtkommt. Wenigstens können viele nach einer Behandlung mit Elektroschocks die Klinik wieder verlassen. Der größte Vorteil liegt also darin, dass die Patienten pflegeleicht werden. Mit der Lobotomie – wenn man die Gehirnhälften einfach auseinander schneidet – erzielt man wahrscheinlich einen ähnlichen Effekt. Der Nachteil ist allerdings, dass man danach überhaupt nicht mehr denken kann.

Heißt das, Sie sind gegen die Anwendung von Elektroschocks?
Elektroschocks sind furchtbar, ich möchte das wirklich nicht noch einmal durchmachen müssen. Aber in bestimmten Situationen können sie vielleicht helfen.

Haben Sie es damals mit Psychoanalyse probiert?
Ich war bei allen möglichen Psychiatern, und da wurde viel geredet. Aber der Effekt solcher Gespräche ist auch nur sehr vage. Grundsätzlich halte ich Psychotherapie für viel sinnvoller als irgendwelche Drogen. Sie ist allerdings teurer. Vielleicht kann sich die Gesellschaft ja die Psychoanalyse für alle leisten, sobald ein Psychoroboter erfunden wird.

Sigmund Freud hat die Schizophrenie als Flucht vor Kindheitsproblemen betrachtet – und vor latenter Homosexualität. Was meinen Sie dazu?
Das hört sich vernünftig an, aber es ist nicht präzise. Was ist das – das Unbewusste, das Über-Ich? Von meiner Krankheit weiß ich vor allem eines: dass all diese Metakonzepte und Erklärungen nicht genau definiert werden können. Die Innenwelt ist weit komplizierter, als Freud angenommen hat.

Geben Sie Ihren Eltern eine Mitschuld an Ihrer Krankheit?
Meine Eltern hatten sicherlich großen Einfluss auf mich, im Guten wie im Schlechten. Vielleicht wäre ich bei anderen Eltern nicht krank geworden, aber dann hätte ich unter Umständen intellektuell nicht so Interessantes leisten können.

Wenn Schizophrenie wirklich eine Flucht sein sollte, wie Sie sagten, wovor sind Sie mit Ihrer Krankheit davongelaufen?
Ich weiß nicht. Ich weiß es wirklich nicht.

Haben Sie zu viel von sich erwartet, fühlten sich in Princeton der Konkurrenz unter lauter Genies nicht mehr gewachsen?
Nun ja, da könnte es Verbindungen geben. In der Mathematik gibt es durchaus Konkurrenz; man braucht Beharrlichkeit, um sich durchzusetzen – eine Qualität, die wohl auch Boxer haben müssen. Vielleicht ist das der Grund, warum es so wenige gute Frauen in der Mathematik gibt.

Hat die Mathematik Ihnen später auch dabei geholfen, wieder gesund zu werden?
Man hat mir in der Klinik irgendwann erlaubt, einen Computer zu benutzen. So begann ich Programme zu schreiben, die gewisse Zahlen berechnen konnten. Das hält den Geist fit und war sicher gut für mich.

Empfinden Sie Trauer, wenn Sie an Ihre fünfundzwanzig verlorenen Jahre denken?
Nein. Wer weiß schon, wie es mir ohne diese Krankheit ergangen wäre. Vielleicht wäre die Routine eines durchschnittlichen Professorendaseins viel schlimmer gewesen.

Sie sind mittlerweile einundsiebzig Jahre alt. Mathematikern wird nachgesagt, dass ihnen jenseits der Dreißig keine wirklich bahnbrechenden Ideen mehr kommen können.
Ich bemühe mich, das Gegenteil zu beweisen.

Was stellt heute die größte mathematische Herausforderung dar? Die Riemann-Hypothese über die Folge der Primzahlen?
Das ist ein gutes Problem, wenn auch nicht unbedingt das schwierigste. Ich bin in diesen Dingen nicht mehr auf dem Laufenden und kann nicht sagen, welches etwa das gegenwärtige Schlüsselproblem der algebraischen Geometrie ist oder welche partielle Differenzialgleichung unbedingt gelöst werden müsste. Die Riemann-Hypothese ist sicher eine große Herausforderung für jeden Mathematiker. Doch das sagt noch nichts über die wahre Bedeutung des Problems aus. Auch bei Fermats Letztem Satz haben die Mathematiker immer gewusst, dass der Weg zum Beweis viel wichtiger als der Satz selbst ist. Mehr als dreihundert Jahre war er eine wunderbare Herausforderung, dessen Beweis niemandem gelungen ist. Auch mit der Riemann-Hypothese haben schon viele ihre Zeit verschwendet.

Sie haben in den fünfziger Jahren auch einmal versucht, die Riemann-Hypothese zu beweisen. Arbeiten Sie inzwischen wieder daran?
Nein. Vor kurzem wurde mir allerdings ein Manuskript über die Goldbach-Vermutung zugeschickt. Deshalb beschäftige ich mich zurzeit etwas damit.

Das ist die Geschichte von Christian Goldbach, der 1742 in einem Brief an seinen Freund Leonhard Euler die Vermutung äußerte, dass jede gerade Zahl, die größer ist als 2, die Summe zweier Primzahlen sei. Also $8 = 3 + 5$, $12 = 5 + 7$ *und so weiter.*
Genau. Eine Summe von Zahlen, die außer 1 und sich selbst keine anderen ganzzahligen Teiler haben. Das Problem ist immer noch ungelöst und könnte sich sogar als weit schwieriger erweisen als Fermats Letzter Satz oder die Riemann-Hypothese.

Ist Goldbachs Vermutung richtig? Was sagt Ihre Intuition?
Oh ja, jeder Mathematiker ist davon überzeugt, dass Goldbach Recht hat.

Herr Nash, warum haben Sie nie zuvor ein Interview gegeben? Vor kurzem ist Ihre Biografie erschienen, und mit der Autorin wollten Sie auch nicht zusammenarbeiten.
Sagen wir, ich wollte lieber eine Art Schweizer Neutralität wahren.

Und warum machen Sie heute eine Ausnahme?
Ich würde gern einmal nach Davos zum Wirtschaftsforum. Könnten Sie mir da nicht vielleicht helfen, an eine Einladung heranzukommen?

James Hillman
»Manchmal muss man verrückte Dinge tun, um nicht wahnsinnig zu werden«

Was treibt einen alten erfolgreichen Mann dazu, auf dem Höhepunkt seiner Karriere mit einem Mal den Beruf an den Nagel zu hängen? Der Psychologe James Hillman, Jahrgang 1926, leitete so renommierte Einrichtungen wie das C.-G.-Jung-Institut in Zürich, bevor er der hohen Kunst der Seelenheilkunde den Rücken kehrte. »100 Jahre Psychotherapie – und der Welt geht's immer schlechter« nannte er seine ketzerische Festschrift zum hundertsten Geburtstag der Freud'schen Lehre 1993. Ein Buch, das den Dialog des bekennenden Sokratikers mit einem Freund wiedergibt – aufgezeichnet während eines mehrere Tage langen Strandspaziergangs an der Pazifikküste vor Los Angeles. Für seine Kollegen war der brillante Akademiker stets besonders unbequem, Journalisten verunsichert er liebend gern mit seinen ständigen Gegenfragen. Fotografen, die ihn für eine symbolträchtige Aufnahme auf die Couch legen wollen, lernen seinen Starrsinn kennen. Der Schriftsteller, der es mit seinem Buch ›The Soul's Code‹ sogar in die US-Bestsellerliste schaffte, lebt heute in Connecticut auf dem Land. Das Interview in Hillmans New Yorker Stadtwohnung führte Lars Reichardt im März 1999.

»Manchmal muss man verrückte Dinge tun, um nicht wahnsinnig zu werden« haben Sie einmal geschrieben. Ein ziemlich ungewöhnliches Motto für einen Psychologen.
Ich habe eben großen Respekt vor Menschen, die etwas Unerwartetes machen.

Meinen Sie mit verrückt einfach unerwartet?
Auch. Ella Fitzgerald wurde als junge Frau einmal zum Vortanzen eingeladen. Bei ihrem Termin fing sie stattdessen unaufgefordert an zu singen. Nicht, dass sie sich das vorher vorgenommen hätte, sie folgte einer momentanen Eingebung. So wurde sie entdeckt.

Vielleicht folgte sie auch nur einer Laune.
Handlungen, die uns scheinbar zufällig unterlaufen, die nichts mit unseren Genen oder unserer Erziehung zu tun haben, können genauso gut Wink des Schicksals sein. Wir sprechen oft von Schicksal oder Bestimmung. Ich benutze lieber das altgriechische Wort Daimon, das einen Seelenbegleiter meint, der uns unablässig an unsere eigentliche Bestimmung, unseren Charakter erinnert.

Auch an unsere Seele?
Ja, aber ich kann Ihnen unmöglich sagen, was die Seele genau ist. Ich habe schon viele Bücher darüber geschrieben und besser, als ich es dort formuliert habe, werde ich es wohl kaum hinkriegen. Ich kann Ihnen nur sagen, dass es sie geben muss.

Jedenfalls meinen Sie, Ella Fitzgeralds Seele hat ihr eines Tages geraten, lieber zu singen statt zu tanzen?
Das Leben exzentrischer Leute ist manchmal schwer zu verstehen. Jedenfalls könnte die Seele für Entscheidungen verantwortlich sein, die sich weder durch biologische noch soziale Einflüsse erklären lassen und auf den ersten Blick absurd erscheinen. Diese dritte Dimension unseres Lebens haben wir verloren; das Christentum hat den Daimon zweitausend Jahre als Dämon verteufelt. In vielen Kulturen ist es ganz unproblematisch, zu Dämonen, Geistern und allen möglichen Gestalten zu sprechen. Jedermann darf dort von Dämonen heimgesucht werden, mitten in der Nacht schweißgebadet aufwachen und am nächsten Morgen ganz normal weitermachen.

Diese Geister sagen uns, was wir im Leben tun sollten?
Oder nicht tun sollten. So etwa wie Josephine Baker, die von einem Tag auf den anderen mit dem aufhörte, was sie in ihrem Leben am besten konnte, dem Tanzen. Einen so speziellen Daimon zu besitzen ist eine sehr eigenartige Geschichte. Er kann einen sogar das Leben kosten. Ein Daimon verlangt manchmal mehr, als ein Mensch zu geben imstande ist.

Wie erkennt man denn seinen eigenen Daimon?
Wie kommt man darauf, dass man Werte hat und selbst einen Wert darstellt? Introspektion allein reicht nicht. Was will die Welt von dir? Wofür taugst du? Was hast du der Welt zu schenken? Das sind die Fragen, die der Daimon unablässig stellt. Ich glaube, Goethe hat einmal über Eckermann gesagt, er sei für die Freundschaft geboren. Eckermann mag sich selbst als großen Schriftsteller verstanden haben, aber wofür er wirklich taugte, war Freundschaft. Insofern ist Kreativität nicht nur das, wofür man sie gewöhnlich halten mag: Sie muss absolut nichts mit Produktivität im herkömmlichen Sinne zu tun haben.

Und das soll die Psychologie aus Eckermanns Seele lernen?
Für die Psychologie ist es wichtig, das Leben von außergewöhnlichen Menschen zu begreifen. Man muss das Außergewöhnliche bemühen, um das Gewöhnliche zu verstehen. Die meisten Biografen und Psychologen versuchen es andersherum und leiten das Ungewöhnliche aus dem Normalen ab. Das ist ein großer Fehler. Picasso sagte: »Ich entwickle mich nicht, ich bin.« Das Außergewöhnliche lässt sich niemals durch das Gewöhnliche verstehen.

Auch Adolf Hitler fühlte sich zu Außergewöhnlichem berufen. Folgte er vielleicht nur dem Ruf seiner Seele?
Es gibt mindestens zehn Theorien, die Hitler zu erklären oder verklären suchen. Ich kann es nicht. Ich vermute, er war von seinem Daimon besessen. Die Besessenheit konnte man ihm förmlich an den Augen ablesen und an der Unfähigkeit zu jeglichem Humor. Wie wäre es sonst möglich gewesen, dass dieser Mann sogar seine Generäle fesselte, Menschen, die ihm an Intelligenz, Autorität und Erfahrung eigentlich überlegen waren? Angst konnte es nicht gewesen sein, sie respektierten ihn nicht einmal. Ich glaube, Hitler folgte seinem Daimon und war unfähig, sich von ihm zu distanzieren.

Man sollte also einer Berufung nicht unbedingt folgen?
Nicht blind, sonst könnte man ja alles mit einem Daimon entschuldigen: Ehrgeiz, Gier oder jede andere Form von Sünde in deren überlieferter Bedeutung. So wie Hitler, der einmal sagte: »Seht ihr

nicht, ich kann nicht anders.« Hinter dem Mysterium dieses Mannes steckt die Lektion des 20. Jahrhunderts. Und das zu lösen ist sehr schwierig. Eichmann lässt sich viel leichter verstehen. Er schloss einfach die Augen und folgte seinen Befehlen. Er war ein Moralist, ein großer Moralist, aber er hatte keine Ethik.

Wie bitte? Eichmann ein Moralist?
Er dachte, es genüge, sich wie ein ehrlicher Beamter an seine Befehle zu halten, und kannte keine Skrupel.

Glauben Sie überhaupt an eine allgemein gültige Moral?
Das Wort Glauben mag ich nicht.

Was ist der Unterschied zwischen Moral und Ethik?
In jeder Gesellschaft gibt es Regeln und Gesetze. Aber wer nur danach lebt, besitzt keine Ethik. Es kann sogar unethisch sein, nur moralisch zu leben, weil man dann die Moral und das eigene Verhalten nicht ständig hinterfragt. Luther hat es einmal so ausgedrückt: »Glauben ohne Zweifel ist kein Glauben.« Das ist auch die Schwierigkeit aller fundamentalistischen Sekten, egal ob sie nun moslemisch, jüdisch oder christlich sind.

War Hitler denn Ihrer Meinung nach ein ethischer Mensch?
Verspürte er irgendeinen inneren Konflikt? Ohne diesen Konflikt kann man nicht ethisch handeln. Hitler begriff sich selbst als Künstler, der nur seinem Daimon folgt. Und das ist gefährlich. Man muss mit seinem Daimon verhandeln und sich immer fragen, ob er den anderen eher nützt als schadet.

Wie weiß man, ob es nun richtig ist, seiner Berufung zu folgen?
Man kann nicht den Ausgang der Schlacht kennen, bevor man drinnen steckt. Aber selbst ein verarmter Maler oder Schriftsteller, der um seiner Berufung willen sein bürgerliches Leben oder seine soziale Sicherheit aufgegeben hat, besitzt eine gewisse Ethik. Er weiß vielleicht nicht, ob er verrückt geworden ist, seinen Job hinzuschmeißen, um Künstler zu werden. Aber er kann die Folgen seines Handelns ermessen, für seine Frau, seine Kinder, seine Freunde. Eine

Garantie, dass er das Richtige tut, hat er nie. Und ich halte so eine Garantie sogar für gefährlich. Das Leben ist ein großes Risiko, ein Abenteuer. Das haben die jüngeren Menschen heute anscheinend vergessen. Der Geist des Abenteuers ist dem Konformismus und der Angst gewichen.

Darf ein Künstler im Zweifelsfall für eine Berufung seine Familie im Stich lassen?
Er darf es nicht, aber er muss es tun – je nachdem, bitte vergessen Sie diesen Zusatz nicht. Das sind nun einmal die großen Fragen im Leben, die man keiner Regel unterwerfen kann.

Was raten Sie in so einem Fall Ihren Patienten?
Ich weiß keinen Rat. Ich rate nur dazu, sich mit der eigenen Berufung und dem Konflikt, der sich daraus vielleicht ergibt, beharrlich auseinander zu setzen und ihn nicht zu verdrängen. Im Leiden unter dem Konflikt beginnt man zu lernen, was wirklich zählt. Man begreift, dass die Vorstellung, wie Mutter Teresa den Armen in Indien helfen zu wollen, vielleicht egozentrisch ist. C. G. Jung nannte das den Kontakt zu den dunklen Seiten, Protestanten nennen es das Erleiden der menschlichen Existenz.

Seinem Daimon zu folgen macht also eher unglücklich?
Ob er nun einen Menschen glücklich macht oder nicht, darf nicht die allein entscheidende Frage sein. Die Tänzerin Martha Graham drückte das einmal so aus: »Wenn man nicht das tut, was einem gegeben ist, wird es niemals in die Welt eintreten – das eigene Verrücktsein gehört der Welt, nicht einem selbst.« Dies ist der soziale Aspekt, und der ist wichtig, um nicht in bloßer Selbstverwirklichung hängen zu bleiben. Ich glaube nicht, dass Selbstverwirklichung für ein authentisches, wahrhaftiges Leben genügt.

Ein bisschen Verrücktsein ist für alle gut?
Die Schwierigkeit mit dem Begriff Exzentrik ist, dass er als eine Art Super-Individualismus missverstanden werden könnte – jeder für sich, ohne Rücksicht auf die Gesellschaft. Das meine ich natürlich nicht. Man muss die nächste Ebene nehmen: Allein das Exzentrische,

das Sie oder mich ausmacht, stellt auch unseren Wert in der Gesellschaft dar und ist unser Geschenk an die Gemeinschaft. Wir sind Teil einer Umwelt, und nur wenn der Daimon diese Umwelt, diese Mitmenschen wahrnimmt und nicht nur sich selbst sieht, ist er von Nutzen.

Selbst Henker fühlen sich zu ihrer Arbeit berufen und glauben an ihren Nutzen für die Gesellschaft.
Richtig. Sie argumentieren, mit guter Arbeit auch unnötiges Leiden zu vermeiden. Aber seinen Job nur gut zu erledigen, so wie Eichmann, ist noch keine ausreichende Rechtfertigung für eine Tätigkeit.

Was, denken Sie, ist die amerikanische Seele?
Wir glauben immer, der Cowboy sei es, aber in Wirklichkeit ist es Forrest Gump in seiner Unschuld: »Ich bin gut, ich kann nicht böse sein, ich bin ein bisschen dumm, aber unschuldig.« Forrest Gump ist gefährlicher als jeder Natural Born Killer. Der Killer weiß wenigstens um seine Bösartigkeit. Forrest Gump dagegen fehlt jegliches reflektierende Bewusstsein, und darin liegt die Gefahr, auch wenn das verwunderlich klingen mag.

Wo sehen Sie den Unterschied zwischen dem Filmidioten Forrest Gump und etwa Bill Clinton?
Bill Clinton ist einerseits stark geprägt durch die christlich-baptistische Moral des Südens, andererseits besitzt er auch psychopathische Züge. Aber er lebt einen Konflikt aus, der sich auch in dem zeigt, was er mit Monica Lewinsky angestellt hat. Er hatte keinen Geschlechtsverkehr mit ihr, anfangs auch keinen Orgasmus. Er folgte einer ganzen Menge Regeln im Umgang mit ihr. Er war also nicht gänzlich frei von seinen religiösen Vorbehalten – ganz im Gegensatz zu ihr. Forrest Gump kennt überhaupt keine inneren Konflikte. Bill Clinton ist eher ein Felix Krull, der nichts aus seinen Abenteuern lernt.

Wie haben Sie Ihren eigenen Daimon entdeckt?
Ich mache seit fünfzig Jahren meine Arbeit und fühle mich ihm nur manchmal nah. Etwa, wenn ich die Idee für ein neues Buch habe, wenn ich Fragen stelle, die ich stellen muss, aber ansonsten führe

ich ganz wie Thomas Mann ein möglichst bürgerliches Leben. Mann konnte das, obwohl er seinen Daimon im ›Doktor Faustus‹ sehr gut zu erkennen gibt.

In den USA sind Sie ein einflussreicher Psychologe. Warum haben Sie aufgehört, als Psychoanalytiker zu arbeiten?
Ich mochte meine analytische Arbeit, man brauchte mich. Und ich war ganz gut darin, das heißt nicht zu destruktiv. Aber jeder KZ-Aufseher hätte das Gleiche von seiner Arbeit behaupten können. Es gibt da schließlich noch etwas anderes, was wichtig ist: Ich fühlte, dass meine Tätigkeit nicht mehr zu rechtfertigen war. Und wenn man merkt, dass in der Psychoanalyse vieles falsch läuft – ich spreche von ihrer Selbstbesessenheit, die die Spaltung zwischen Mensch und Welt untermauert –, dann muss man damit aufhören. Sehen Sie: Ein Henker kann seinen Job nicht ausüben und gleichzeitig gegen die Todesstrafe sein. Er muss sich der Philosophie der Todesstrafe verschreiben.

Hat Ihnen Ihr Daimon geraten, die Psychoanalyse aufzugeben?
Ich denke schon. Mit einem Mal wusste ich einfach, dass ich aufhören muss. Obwohl ich mich wie ein KP-Mitglied fühlte, das sich mit einem Mal vom Kommunismus abgewandt hatte.

Eines Ihrer Bücher trägt den Titel ›100 Jahre Psychotherapie – und der Welt geht's immer schlechter‹. Geben Sie Sigmund Freud die Schuld am Versagen Ihrer Zunft?
Überhaupt nicht. Freud hat die Kultur des ganzen 20. Jahrhunderts geprägt und zweifelsohne die Anthropologie umgeschrieben, die Bedeutung dessen, was der Mensch ist. Aber die Pop-Psychologie, die in Europa mit Freud begann, wurde zu einer unheimlich negativen Kraft in der westlichen Kultur. Psychologie ist heute die vorherrschende Religion. Die Leute befassen sich obsessiv mit ihren Beziehungen, sie denken kausal, überschätzen ihre persönliche Vergangenheit und verfolgen eine falsche Erlösungsidee – die Idee, dass man seine Vergangenheit aufarbeiten und gesund herauskommen könne. Diese Pop-Psychologie wird in jeder Talkshow praktiziert. Aber ich würde die Schuld dafür nicht nur bei Freud suchen. Das

wäre auch ein bisschen zu viel des Guten für einen einzigen Menschen. Und meinen Sie nicht, dass der Pop-Katholizismus keine Gefahr darstellt? Ist es nicht genauso verfänglich, anzunehmen, dass man ohne Jesus keine Erlösung finden kann? Sind die christlichen Denkmuster, die Freud attackierte, nicht genauso gefährlich? Statt Opfer meiner Eltern wie in der Pop-Psychologie bin ich ein Opfer Gottes, Adams und Evas. Das Prinzip ist das Gleiche: die alte westliche Idee, dass irgendetwas Grundsätzliches mit uns nicht stimmt. Dies war schon lange vor Freud Teil des westlichen Denkens. Freud interpretierte diese Idee nur neu. Und bot eine andere Art der Erlösung an: sokratisches Bewusstsein statt Beichte und Taufe.

Was stört Sie am meisten an dieser Welt?
Die wirtschaftliche Kosmologie, dort lauert der Teufel heute. Alles muss nutzbar, effizient, profitabel sein. Und hinter alldem steckt der Irrglaube des wissenschaftlichen Fortschritts. Eine Mixtur aus Demokratie und Kapitalismus ist zum neuen Glauben geworden; einige meinen, weil das Christentum als Kosmologie ausgefallen ist. Ich bin mir da nicht so sicher, denn die christliche Erlösungshoffnung ist in den Fortschrittsglauben eingeflossen. Deswegen blicken wir nicht mehr zurück und reden nur noch von Genetik oder Elektronik – eine Flucht in die Zukunft, in die Hoffnung. Wir wollen alle nur länger, gesünder, reicher leben, ohne den Jung'schen Schatten zu sehen. Das ist unser Schlamassel. Und daran kann man Freud nicht die Schuld geben. Freud war als Mensch ein Pessimist, und auch in seiner Theorie ist nicht die Rede von einer allmählichen Verbesserung.

Sind Sie auch Pessimist?
Nein, ich genieße das alles sehr. Auch wenn ich denke, dass wir uns auf der Titanic befinden. Aber in der Psychologie lernen wir ja immer, dass nichts besser wird, bevor das alte System radikal zusammenbricht.

James D. Watson
»Wäre Hitler nicht Hitler gewesen, hätte es eine ehrliche Debatte über einige seiner Eugenik-Ideen gegeben«

James D. Watson, 1928 in Chicago geboren, machte vier Mal in seinem Leben Karriere. Als Forscher, der 1953 die so genannte »Doppelhelix« mitentdeckte, die Struktur des Erbmaterials, dann als Schriftsteller, der diese Suche 1968 packend beschrieb. Als Pädagoge, der 1965 das erste Lehrbuch der Molekularbiologie verfasste, und schließlich als Organisator, der 1990 dem Projekt zur Entschlüsselung des menschlichen Genoms den entscheidenden Schwung verlieh. Mit anderen Worten: James D. Watson kann es ziemlich egal sein, was man vom ihm denkt. Und von dieser Souveränität macht er ausgiebig Gebrauch, wenn er einmal mehr versucht, der Öffentlichkeit die Macht der Gene drastisch vor Augen zu führen. James D. Watson provoziert gern, und wenn er schon einmal eines seiner seltenen Interviews gibt – mit Anfang siebzig ist er nach wie vor ein viel beschäftigter Wissenschaftler mit einer strengen Vorzimmerdame –, dann bestimmt er auch, welche Richtung das Gespräch nimmt. Die Augen meist zur Decke gerichtet, als befände er sich im Dialog mit verständigeren Menschen als den zufällig anwesenden Journalisten, vermag ihn kaum eine Frage zu überraschen. Außer vielleicht die nach seinem an Schizophrenie erkrankten Sohn. Bisher hat sich niemand getraut, Watson nach ihm zu fragen. Für einen kurzen Augenblick blickte der Pionier der Genetik seinen Gesprächspartnern ermutigend ins Gesicht – nur zu, einen Watson bringt so leicht nicht mal das eigene Schicksal aus der Fassung! Er gilt als großer Zyniker. Wohl deshalb wird oft vergessen, dass Watson 1990 die Weichen dafür stellte, einen hohen Prozentsatz der Forschungsgelder des Genomprojekts auf die Klärung ethischer und sozialer Fragen zu verwenden. Die Veröffentlichung dieses Interviews im ›SZ-Magazin‹, der Schweizer ›Weltwoche‹ und dem österreichischen ›Standard‹ löste eine Woge empörter Leserbriefe aus. Aber beinahe ebenso viele Stimmen folgten einem positiven Tenor: Watsons Worte seien mit Abstand der ehrlichste Beitrag in der aktuellen Debatte um Gefahren und Möglichkeiten der Gentechnik. Das Interview führten Professor Dr. Ernst Peter

Fischer und Lars Reichardt im Mai 2001 in Watsons Cold Spring Harbour Laboratory auf Long Island, USA.

Ihr neues Buch wird ›Genes, Girls and Gamow‹ heißen. Warum die Mädchen, warum Gamow?
Ich entdeckte die Struktur der Gene, weil ich eine Freundin finden wollte. Das ist wahrscheinlich ganz normal. Und Gamow wollte den genetischen Code knacken.

Haben Sie die Freundin gefunden?
In diesem Teil meiner Biografie jedenfalls noch nicht. Der Herausgeber verlangte, dass ich den Schluss umschreibe. Am Ende bin ich nun immer noch unglücklich.

Als Sie für die Entdeckung der Desoxyribonukleinsäure-Struktur den Nobelpreis bekamen, nannte Sie Ihr Vorbild Max Delbrück den Einstein der Biologie.
Die Biologie ist anders als die Physik. Wir wissen noch nicht einmal, was im Gehirn passiert, wenn wir uns eine Telefonnummer merken. Dafür fehlen in der Hirnforschung die großen Persönlichkeiten.

Delbrück meinte, man könne keinen Wissenschaftler richtig verstehen, ohne sein Geschlechtsleben zu kennen.
Bei Männern kreisen 90 Prozent der Gedanken um Sex, zehn um Arbeit, bei Sexbesessenen ist es sogar nur ein Prozent.

Wird Wissenschaft den Frauen zuliebe getrieben?
Warum kauft man ein altes Gemälde? Um Frauen zu gefallen. Warum macht man Karriere? Um ein Mädchen zu kriegen. Das Buch fängt mit einer Zeit an, in der ich fünfundzwanzig war und mehr die Mädchen als die Gene im Kopf hatte. Aber das Buch handelt auch von Gamow.

Dem russischen Physiker, der als Meister des Schabernacks galt.
Das war er. Und dazu ein genialer Wissenschaftler, der von den Atomen zu den Genen sprang, der als Erster vom Urknall redete, der aber zuletzt niemanden mehr hatte, der ihn beschützte. Große Wissenschaftler werden immer andere Menschen brauchen, die sich

um sie kümmern und sie beschützen. Man kann von Genies nicht erwarten, dass sie Forschungsanträge korrekt ausfüllen. Sie brauchen Mäzene, auch wenn sie die immer wieder auf die Palme bringen. George hatte zuletzt niemanden mehr. Er starb 1968.

Ihr erstes Buch ›Die Doppelhelix‹ über die Suche nach der DNS-Struktur ist immer noch ein Wissenschaftsbestseller. Verstehen Sie sich selbst als Schriftsteller?
Wahrscheinlich mehr als alles andere. Das nächste Buch habe ich auch schon angefangen. Es wird unter anderem von Peter Pauling handeln, dem Sohn von Linus, dem großen Chemiker des 20. Jahrhunderts. Peter und ich haben im gleichen Laboratorium gearbeitet, und wir waren beide hinter Frauen her. Ich bin dabei nur unglücklich geworden, Peter aber hat echte Probleme bekommen. Die Frauen mochten ihn zu sehr. In dem Buch wird es auch um Regeln für Wissenschaftler gehen. Sogar um ethische Regeln. Von allen Genetikern bin ich der Einzige, der dazu etwas sagt. Irgendjemand muss das doch machen.

Was hat Ihrer Meinung nach Ethik mit Genetik zu tun?
Wie soll man mit Ungleichheit umgehen und wie mit den Unglücklichen, deren Gene kein sinnvolles Leben zulassen?

Was ist sinnvolles Leben?
Ich nenne ein Leben sinnvoll, von dem man eine Zukunft erwarten kann.

Ein Leben mit Chancen?
Ja, eine Chance darauf, einmal heiraten zu können, einmal als gleichberechtigt akzeptiert zu werden, sobald man einen Raum betritt. Hitler sagte: »Tötet alle, die diese Chance nicht besitzen.« Ich meine, sie sollten gar nicht erst geboren werden. Das ist der Unterschied. Aber die Gesellschaft kommt damit nicht zurecht.

In Deutschland hat Ihr Ethikessay vor einem halben Jahr tatsächlich für heftigen Widerspruch gesorgt.
Ich habe nicht mal gewusst, dass die ›FAZ‹ ihn in Deutschland nachgedruckt hat. Eigentlich ist das doch eine sehr gute Zeitung und

kein Schundblatt. Mein Freund Benno hat mir den Artikel nach dem Erscheinen geschickt.

Niemand solle gezwungen werden, lautete Ihre umstrittenste Aussage darin, ein missgebildetes Kind »zu lieben und zu unterstützen, das nie eine Existenz haben kann, deren letztendliches Gelingen man antizipieren und teilen kann«.

Der Satz ist doch wahr. Wer von Frauen verlangt, ein geistig behindertes Spastikerkind mit fürchterlichen Verkrampfungen zu lieben, verlangt etwas Anormales von ihnen. Niemand kann einer Frau vorschreiben, etwas zu lieben, das sie nicht liebt. Wir alle kennen doch auch Menschen mit fortschreitendem Alzheimer, die wir nicht wiedererkennen. Beinahe jeder wünscht sich ihren Tod, ob es nun der eigene Vater ist oder jemand Fremdes. Aus wissenschaftlicher Sicht handelt es sich in solchen Fällen um Nicht-Existenz.

Und aus menschlicher Sicht?

Die Evolution hat uns nicht dazu gemacht, ein Baby zu lieben, das einen nicht einmal anblicken kann. Wir sind dazu gemacht, uns um Menschen zu kümmern, die eine Chance haben. Ohne diese Aussicht denkt man nur an die Deformierung, obwohl man es lieben soll, als ob es nicht deformiert wäre, und wird traurig. Unendlich traurig. Natürlich kann man ein stark missgebildetes Kind aufziehen und versuchen, es als menschliches Wesen zu sehen, weil manche Leute alle Formen des Lebens für erhaltenswert halten. Aber der Versuch bleibt zwanghaft und wird zur Qual. Die Deutschen sprechen von unwertem Leben, so hat Hitler das genannt.

Sie meinen …

Sehen Sie: Obwohl Hitler furchtbar war, stimmten die Leute einem Teil seiner Ansichten zur perfekten Rasse zu. Die Mehrheit hätte ihm beigepflichtet, dass keine Mutter unter einem Kind mit furchtbaren Entwicklungsfehlern leiden soll, einem Kind etwa, dem die Haut abfällt. Das habe ich in diesem Artikel ja nicht einmal erwähnt.

Und was soll das für uns heißen?

Francis Crick …

… mit dem Sie gemeinsam die Struktur der Gene entdeckten …
… machte in seiner einzigen Ethikvorlesung im Jahr 1968 zwei Vorschläge. Der eine lautete: Man sollte bis zwei Tage nach der Geburt warten, bevor man etwas als Leben deklariert, als ein Kind mit Zukunft. Ich wurde oft beschuldigt, das gesagt zu haben, aber ich halte das wirklich für eine sehr gute Idee. Der zweite lautete, keine öffentlichen Mittel für Menschen über achtzig zu verwenden. Das sagte er im Alter von fünfzig, heute dürfte er anders darüber denken.

Er meinte …
Man soll das Geld lieber für junge Menschen ausgeben als für exzessiv lebensverlängernde Maßnahmen bei Alzheimer-Patienten. Wer zum Pflegefall wird, sollte verfügen können, dass im Zweifelsfall keine Antibiotika oder lebensverlängernden Maßnahmen eingesetzt werden. Heutzutage wird man selbst dann noch am Leben gehalten, wenn man nicht einmal mehr weiß, wo man ist. Schrecklich. Sehen Sie, wäre Hitler nicht Hitler gewesen, hätte es eine ehrliche Debatte über einige seiner Eugenik-Ideen zu fürchterlich missgestalteten Kindern gegeben. Diese Ansichten wurden beiseite gelegt, weil er ein Monster war und die Juden tötete. Verstehen Sie mich nicht falsch: Ich halte alles für entsetzlich, was er machte. Ich meine nur, man liebt Menschen, weil sie menschlich sind, nur dann strömt die Liebe auf natürliche Weise. Das wird doch durch die Tatsache belegt, dass Frauen kein Kind mit Down-Syndrom wollen. Sie fühlen, dass sie es nicht wollen. Natürlich erwidern ein paar Leute, dass sie Down-Kinder für wunderbar halten und dass die Liebe trotzdem strömen kann. Ich glaube nur nicht, dass sie es tatsächlich tut. Die meisten Frauen wollen diese Last nicht, und ich denke, sie sollten nicht gezwungen werden, so ein Kind zu bekommen.

Wer sollte denn über eine Abtreibung wegen starker genetischer Defekte mitreden dürfen: der Staat, die Kirche oder nur die betroffene Mutter?
Natürlich nur die Mutter. Ebenso wie jeder Einzelne darauf bestehen dürfen soll, gefüttert und am Leben erhalten zu werden, wenn er eigentlich schon tot ist – die persönliche Entscheidung des Einzelnen halte ich für das einzig praktikable Verfahren. Im Augenblick haben die Menschen diese Wahl nicht. Sie dürfen nicht darum

bitten, nach einem Gehirnschlag nicht mehr am Leben erhalten zu werden, falls sie nicht mehr reden oder sich bewegen können. Das ist das Thema, was mich im Augenblick beschäftigt. Ich bin nicht besorgt um Babys, ich denke an alte Menschen wie mich. Wir wollen nicht Opfer einer Philosophie von Abtreibungsgegnern werden, die alles Leben für lebenswert hält und uns leiden lässt. Genauso wenig, wie ich möchte, dass eine Mutter leiden muss.

Väter haben da nichts zu melden?
Natürlich haben sie das. Aber die Ehe ist nicht mehr so stabil, wie sie es früher einmal war. Väter neigen dazu, sich aus dem Staub zu machen. Und Väter haben weniger Sinn für Babys, solange sie noch nicht mit dem Sprechen begonnen haben. Männer und Frauen sind nicht gleich – das ist alles, was ich zu sagen versuche. Ich wünschte ja, sie wären gleich. Einige meinen, das habe kulturelle Gründe. Ich denke, für die Liebe muss eine genetische Basis existieren, und die ist bei Männern und Frauen verschieden. Grundsätzlich lieben Männer Kinder wahrscheinlich um der Frauen willen. Die genetische Entscheidung gleichberechtigt beiden Eltern zu überlassen ist jedenfalls kein praktikables System, weil wir meist den Vater nicht mal kennen.

Inzwischen lässt sich die Vaterschaft ja genetisch überprüfen.
Aber die Menschheit hat sich zu einer Zeit entwickelt, in der das nicht so offensichtlich war. Wir stehen erst am Anfang eines neuen Jahrhunderts, in dem die Wissenschaft herauszufinden versucht, was menschliches Verhalten ist und welche instinktiven Gefühle wir füreinander hegen.

Wird dieses Verständnis denn nur von der Genetik ermöglicht?
Vieles davon jedenfalls. Man könnte darüber viel mehr durch die Erforschung der Hunde lernen, von denen wir viele Rassen mit verschiedenen Verhaltensweisen gezüchtet haben. Diese Hunde verhalten sich nicht so, weil ihre Mutter ihnen das so beigebracht hätte. Und wir haben viele Verhaltensweisen mit den Hunden gemein. Wenn wir die Gene suchen, die unser Verhalten steuern, sollten wir bei den Hunden anfangen.

Glauben Sie an die Existenz einzelner Gene für einzelne Verhaltensmuster?
Ich weiß es nicht. Man wird noch die komplexesten Zusammenhänge finden, von denen man bis jetzt nicht die geringste Ahnung hat.

Glauben Sie an einzelne Killergene?
Ich glaube, die menschliche Gesellschaft war erfolgreich, weil wir dazu neigen, uns gegenseitig zu mögen und miteinander zu arbeiten. Schimpansen sind soziale Kreaturen, Orang-Utans sind es nicht. Das hat eine genetische Grundlage. Und wenn es eine Anlage für normales Verhalten gibt, wäre dies auch für besonders kaltblütige Individuen denkbar, die keine Regung des Gewissens kennen. Es muss einen Grund geben, warum sie auf das menschliche Antlitz nicht mit instinktivem Wohlwollen reagieren. Der einzige bisher bekannte Fall anscheinend genetisch veranlagter Gewaltbereitschaft ist die berühmte holländische Familie, über die schon so viel geschrieben wurde.

Die Familienmitglieder waren über Generationen auffällig aggressiv. Ihr Verhalten wurde doch auch von Arbeitslosigkeit und Eheproblemen beeinflusst.
Die meisten Menschen in ähnlicher Situation reagieren nicht so aggressiv. Man weiß doch aus der Untersuchung von eineiigen Zwillingen, die getrennt aufwuchsen, dass die meisten charakterlichen Eigenschaften genetische Komponenten besitzen. Bei einem sehr schüchternen Zwilling zeigt sein Geschwister ebenfalls eine starke Tendenz zum gleichen Verhalten. Eineiige Zwillinge haben grundsätzlich das gleiche persönliche Naturell, das nicht davon abhängt, ob sie in der Nähe ihrer Eltern aufgewachsen sind.

Dabei wollte der Zwillingsforscher Tom Bouchard in den achtziger Jahren eigentlich das Gegenteil beweisen.
Er rätselte über die Herkunft ihrer verschiedenartigen Persönlichkeitsanteile. Es könnte sein, dass die Persönlichkeit gar nicht direkt von den Genen bestimmt wird. Sie hängt ja auch stark von einigen Nervenzellen ab, die im menschlichen Gehirn immer sehr unterschiedlich

verbunden werden. Fände man allerdings eine genetische Komponente für Religiosität, wäre sie wohl als der Wunsch angelegt, Befehle zu empfangen. Solche Leute wollen keine Ungewissheit und immer gesagt bekommen, wie sie sich verhalten sollen. Egal, ob ihnen dies nun die Religion vorschreibt, ein bestimmter Kult, ein Diktator oder auch nur die Eltern.

Bisher ist zumindest keine Gesellschaft ohne eine Art Religion bekannt.
Und dennoch gibt es einzelne Menschen wie mich, die Religion für totalen Mist halten. Ich brauche Beweise, selbst wenn es um Gott geht.

Der deutsche Bundespräsident Johannes Rau hat Ihnen deswegen jüngst entgegnet, Genetiker dürften keinen Alleinvertretungsanspruch für ethische Fragen beanspruchen.
Menschen, die nicht der Allgemeinheit folgen, werden nicht besonders geschätzt. Eine Gesellschaft ohne wenigstens ein paar illoyale Mitglieder mit dem Willen zur eigenen Meinung könnte allerdings genauso scheitern. Sie würde sich und ihre Handlungen niemals hinterfragen und sich nie ändern können. Jede Kultur braucht deshalb zumindest einige Orte, an denen Widerspruch begrüßt wird. Sogar in den sowjetischen Universitäten fand man Leute, die den Kommunismus für Schwachsinn hielten.

So wie Wissenschaftler heute die Religion?
Gerade unter Biologen ist der Anteil derjenigen Kollegen, die an einen Gott glauben, der unsere Gebete erhört, so gut wie nicht existent. Wer religiös sein möchte, darf es von mir aus ruhig sein.

Ihr Kollege Francis Crick, mit dem Sie die Doppelhelixstruktur der Gene entdeckten, hält Religion seitdem für überflüssig.
Ich glaube nicht, dass er das so gesagt hat. Aber sein College in England baute einmal eine Kapelle, und da sprach er von einem grundlos verewigten Irrtum. 1961 war das. Als meine Frau und ich in einer Kirche heirateten, übrigens abends, nannte unser Pfarrer Francis »den großen Atheisten«. Das war in San Diego, wo man Spiritisten wie Deepak Chopra mag. Ein kompletter Quatschkopf. So ein Mystizismus tröstet die Leute.

Leute wie Robert Redford?
An was der glaubt, weiß ich gar nicht. Er ist Umweltschützer, und ich habe einmal einen Artikel gegen ihn geschrieben, weil er sich gegen »die Risiken der DNS« aussprach.

Die Gene verraten uns nun mal nicht, wie wir mit den auf ihnen gespeicherten Informationen umgehen sollen.
Natürlich sagen uns die Gene nicht, wie wir unser Leben führen sollen. Sie machen den Menschen aber zu einem sozialen Geschöpf. Die Zehn Gebote ergeben sich aus der menschlichen Natur. Offensichtlich zahlt es sich nicht aus, seine Mutter um die Ecke zu bringen. Also verbieten wir es. Solche Regeln bewirken, dass wir keinen Ärger bekommen. Die Leute machen sich immer Sorgen darum, dass eine Gesellschaft ohne stabile Regeln auseinander brechen könnte. Ich sehe diese Gefährdung nicht. In Schweden gibt es heute sehr wenig Religion, und ich glaube nicht, dass sich die Natur der Schweden sonderlich verändert hat.

Sie haben doch selbst eine Art Kirche gebaut, mit einem Labor im Inneren.
Niemand erwartet von der Genetik eine molekulare Erklärung der Seele. Der normale Bürger macht sich keine Gedanken, wie Moleküle das alles ermöglichen. Das Motto meiner Ausbildungsstätte heißt zwar: Werde stark durch Wissen. Wir Biologen sollten der Gesellschaft allerdings nicht zu weit voraus sein. Sonst kann sie womöglich nicht mehr auf den Zug aufspringen.

An Menschenrechte glauben Sie also auch nicht?
Nein. Ich glaube an menschliche Verantwortung und Fähigkeiten. Das ist politisch natürlich ein sehr heikler Punkt. Haben Sie meine Rede zum Unabhängigkeitstag gelesen?

Leider nein.
Tony Blair sollte letztes Jahr die Libertymedaille bekommen. Er sagte wegen seines neugeborenen Babys ab; er meinte, es nicht allein zu Hause lassen zu können.

Liebende Väter gibt es also doch noch.
Politisch gibt es sie. Jedenfalls kam Blair nicht, und so hat man mir und Francis die Medaille verliehen. In meiner Rede sprach ich darüber, wie Thomas Jefferson wohl heute, zweihundertfünfzig Jahre nach der Unabhängigkeitserklärung, die Menschenrechte definieren würde. Die organisierte Religion mochte er überhaupt nicht; die Teilung von Kirche und Staat in den USA geht allein auf ihn zurück. Nun wusste Jefferson nichts von Evolution oder DNS, aber er dachte dennoch, dass wir uns die Menschenrechte gegenseitig verleihen; als die Menschheit entstand, gab es ja auch niemanden, der ihr Vorschriften machte. Wir können sogar Hunden einige Rechte verleihen. Daher ist es wohl sinnvoller, von Bedürfnissen, Fähigkeiten und menschlicher Verantwortung zu sprechen statt von Menschenrechten.

Die Zivilisation braucht keine Menschenrechte?
Zu den grundsätzlichen Bedürfnissen zählt auch, dass wir den anderen brauchen. Wir können nicht ganz allein existieren, deswegen bringen wir keine Kinder um. Alle unsere westlichen Gesetze entsprechen nur menschlichen Bedürfnissen und Fähigkeiten. Man kann vom Menschen andererseits nicht mehr verlangen, als er zu erfüllen vermag – Ehebruch mit Gefängnis zu bestrafen wäre sinnlos. Aber Eltern, die ihre Kinder verlassen, würden die Gesellschaft zerstören. Leute wie Ihr Präsident werden das natürlich nicht so sehen. Sie glauben ernsthaft, unsere Verhaltensregeln stammten von Gott. Eine dieser Regeln lautet, das Leben sei heilig. Deswegen soll man einfach alles lieben, ohne Rücksicht auf die Wirklichkeit. Die alten Römer gaben verkrüppelte Kinder auf. Wenn eine Mutter nur einen Zwilling tragen konnte, gab sie den zweiten auf. War das böse? Nein, damals hatten Frauen keine andere Möglichkeit.

Wir haben heute andere Möglichkeiten.
Wir Männer sind viel eher bereit, Frauen eine Bürde tragen zu lassen, als sie selbst. Frauen wissen bei so einer Debatte immer, dass sie selbst betroffen sein könnten, während Männer weiter ihren Job machen. Mein Gefühl von Ethik sagt mir, dass Ihr Präsident den Mund halten sollte, wenn er keine Frau ist. Männer sollten überhaupt den Mund halten, wenn sie nicht die Mehrheit hinter sich

wissen. Deutschlands erste Präsidentin dürfte eine etwas andere Meinung in dieser Frage haben.

Das wird eventuell noch einige Zeit dauern.
Wer sich gegen die menschliche Natur stellt, ist scheinheilig. Natürlich hört es sich nicht sehr nett an, zu sagen: Ich wäre enttäuscht, ein Down-Kind zu bekommen. Die Menschen sind es trotzdem. Nach der Geburt will keine Mutter vom Arzt etwas anderes hören als: Ihr Kind ist gesund, es fehlt nichts, das Gesicht ist symmetrisch.

Hübsch muss ein Baby auch noch sein?
Genetiker sprechen manchmal von auffälligen Gesichtern, mit denen irgendetwas nicht stimmt. Das hört sich grausam an, aber in ihrer Entwicklung ist meist auch im Inneren irgendetwas schief gelaufen.

Wann wird die Gentherapie diesen Kindern denn helfen können?
Die meisten Genkrankheiten werden wahrscheinlich nie mit Gentherapie zu behandeln sein.

Den Optimismus von Craig Venter, der das Rennen um die Entzifferung des Genoms gewann, teilen Sie also nicht?
Ich halte es in jedem Fall für völlig unverantwortlich, von der Möglichkeit zu reden, ein Kind mit einem schweren Genfehler nach seiner Geburt heilen zu können. Wir werden noch viele Kinder mit neuen Mutationen auf die Welt kommen sehen, jeder dritte Fall von Dystrophie ist eine neue Mutation. Deswegen bedeutet meine Forderung, keine Frau sollte gezwungen werden, ein Kind mit einer genetischen Krankheit zu bekommen, noch lange nicht den Verzicht auf die gesellschaftliche Verantwortung, das Leben von kranken Kindern so angenehm wie möglich zu gestalten. Nur: Je weniger kranke Kinder es gibt, desto mehr Zeit und Anteilnahme haben wir auch für sie. Jede Gesellschaft hat nur beschränkte Mittel für Außenseiter.

Was heißt »beschränkte Mittel«?
Man kann einigen Behinderten mit einem motorisierten Rollstuhl helfen, aber nicht zu vielen. Jedes Kind ohne Muskelschwund

bedeutet mehr Geld für eines mit. Ich mag kaltherzige Heuchler nicht, die nur von Fürsorge reden und Dinge sagen, weil sie nett klingen, ohne jegliche tiefe moralische Überzeugung. Und Ihr Präsident hört sich so an.

Johannes Rau spricht sicherlich für viele überzeugte Christen.
Weiß er denn tatsächlich, wie man einem Lahmen über die Straße hilft? Ist er ein wahrer Jünger von Jesus? Ich wette, nein. Ich kenne gerade einmal zwei engagierte Gläubige, die ihr Geld wirklich in die Slums zu den Menschen bringen, die ganz am Boden liegen. Und ich kenne viele Linke, die viel davon reden, aber in Wahrheit nicht einmal den Zehnten ihres Geldes spenden. Und gegen Genforschung sind sie ohnehin.

Um ehrlich zu sein: Der Protest gegen Sie wäre mit Sicherheit milder ausgefallen, hätten Sie die Öffentlichkeit einmal wissen lassen, dass Sie selbst Erfahrung als Vater eines … dürfen wir fortfahren?
Natürlich.

… Erfahrung als Vater eines geistig behinderten Sohnes haben.
Ich möchte kein solches Etikett tragen, und man kann wahrscheinlich auch mit normalen Kindern zur gleichen Auffassung kommen wie ich. Es war nicht mein Sohn, der mich dazu gebracht hat, über diese Fragen nachzudenken. Meine Freiheit ist allerdings in vielerlei Hinsicht stark eingeschränkt. In gewisser Weise kann ich mich auch nicht zur Ruhe setzen, weil ich mich um meinen Sohn kümmern muss. Wäre mein Sohn nicht krank, würde ich wahrscheinlich längst in London leben.

Die Angst vor einem möglichen Missbrauch genetischer Daten wollen Sie nicht verstehen?
Ich glaube nur, es gibt mehr gute Menschen als schlechte. Deutschland funktioniert wegen seiner Vergangenheit nach dem Schema: Uns ist das Böse angeboren.

Wir sind vielleicht ängstlicher als andere.
Ihr Deutschen seid genauso anders wie andere. Wer weiß schon, ob Hitler nicht ebenso gut in einem anderen Land an die Macht hätte kommen können – mit den gleichen katastrophalen Folgen. Man braucht eine Moral, die auf menschlichen Bedürfnissen aufbaut, darauf, dass wir ein Produkt der Evolution sind. Aber einige halten sich wahrscheinlich für besser, weil sie ein Produkt von Gott sind. Als ob unser Gutsein von Gott käme.

In Deutschland traut man der Evolution nicht so viel zu.
Die Evolution teilt uns doch mit jeder Geburt ihr Wirken mit. Und mit jedem Fehler. Genetische Ungleichheiten wird es immer geben. Zur Frage steht nur, wie wir mit dieser Ungleichheit zivilisiert umgehen können. Hitler wollte alles unwerte Leben töten, Mao alles gebildete. China leidet noch immer darunter.

Hat Sie die Entzifferung des Genoms beinahe fünfzig Jahre nach Ihrer Entdeckung der DNS eigentlich glücklich gemacht?
Glücklich werde ich erst sein, wenn wir das Wissen auch nutzen können. Solange wir Krebs und Geisteskrankheiten nicht verstehen, ist unsere Arbeit nicht gemacht. Die Frage nach dem Klonen interessiert mich übrigens ebenso wenig. Der erstgeborene Klon wird keine Atomwaffe bedeuten, niemand wird umgebracht werden, die meisten Menschenklone würden ohnehin krank geboren. Ich bin dagegen, solange wir nicht wissen, wie man zumindest die Chance hat, gesunde Menschen zu produzieren. Man braucht das Klonen auch nicht. Im Alter macht man sich eher um Alzheimer Gedanken. Und da hat uns das Genomprojekt enorm weitergebracht, es werden schon erste Medikamente produziert. Alzheimer zu heilen wäre wirklich ein enormer Triumph, der mich tatsächlich glücklich machen würde. Und zwar auf längere Sicht. Ohne Grund sollte man nicht glücklich sein. Das meine ich mit sinnvollem Leben: die Erwartung, glücklich zu werden.

Sind Sie nie glücklich?
Nur manchmal, wenn ich Schokoladeneis esse. Und dann nur für kurze Zeit. Manchmal auch beim Tennis.

Waren Sie wenigstens bei der Entdeckung der DNS glücklich?
Ich dachte nur: Jetzt finde ich endlich eine Freundin. Und die Lösung kam so schnell. Sie war so leicht, und sie erklärte, wie sich das genetische Material sauber kopiert. Die Struktur war so einfach.

Auch schön?
Natürlich. Die DNS ist schön. Etwas ist schön, wenn man nur wenige Neuronen braucht, um es zu speichern. Ein Gesicht von Picasso zeigt menschliche Züge, ohne viele Informationen oder Details zu benötigen.

Raymond Federman
»Auch Seemöwen und Eidechsen werden gelegentlich getroffen«

Er wollte weinen, als der Dampfer »Marine Jumpers« am 3. September 1947 mit ihm an Bord in New York einlief, aber es kamen keine Tränen. Da begann er zu lachen. Zu komisch war der Anblick der Freiheitsstatue, die ihre Fackel wie einen Phallus in die Höhe reckte. Ein Onkel hatte den Neunzehnjährigen in die USA kommen lassen. Raymond Federman begann sein amerikanisches Exilleben als Sklave, wie er sagt. Zwei Wochen nach der Ankunft arbeitete er Nachtschicht – bei Chrysler am Fließband. In der High School (der Besuch eines Gymnasiums war für einen jüdischen Waisen im Europa des Holocausts ein Ding der Unmöglichkeit) begann er Saxophon zu spielen. Das half ihm bei der Selbstbefreiung, wie er sagt. Neben dem Jazz entdeckte er das Schreiben. Und Golf. Bis heute hat ihn die Lust an dem einsamen Spiel nicht verlassen. Nun lebt er an der Pazifikküste. Da gibt es keine schlimmen Winter wie in Upstate New York, er kann das ganze Jahr über golfen. Mehr als zwei Dutzend Romane hat Federman bisher geschrieben. Sie handeln von Tanten, Cousinen, Pennern oder Nudeln – und von Moinous, wie sich Federman selbst nennt. Nur das Buch über den Vater wollte nicht gelingen, der als mittelloser sozialistischer Jude bis zur Deportierung der Familie in seinem Pariser Atelier Bilder malte. Bilder, die Federman nie sehen konnte. Über Golf schrieb Federman nur ein einziges Gedicht. Deshalb freute ihn die Bitte, einmal über seine Leidenschaft zu reden. Er holte die Schläger und lud in seinen Klub in Buffalo, New York. Der Platz war so leer, wie es jeder Golfer liebt. Etwas Sonne und kein Wind. Herrliches Golfwetter. Das Gespräch führte André Behr im Sommer 1998 in Buffalo.

Wenn Sie verreisen und zwischen Laptop und Golfsack wählen müssten, was ließen Sie im Zweifelsfall zu Hause?
Den Computer. Schläger zu mieten ist heikel. Ich verwende welche mit Graphitschaft; mit denen schwingt sich's leichter. Gemietete Schläger sind oft alt und steif.

Sie bezeichnen sich als Golffanatiker und saßen gerade zehn Stunden im Flugzeug. Haben Sie jetzt Entzugserscheinungen?
Wenn ich einen Tag nicht spiele, vermisse ich Golf einfach. Im Winter in Buffalo fahren meine Frau Erica und ich oft zu einer Indoor Driving Range, nur um Bälle zu schlagen. Es gibt zwei Typen von Menschen: Golfer und Nicht-Golfer. Die Nicht-Golfer denken, auf Tod und Leben einem kleinen Ball hinterherzujagen sei ziemlich blöd.

Nicht-Golfer scheitern oft schon am Verständnis der Regeln.
Dass etwa ein Putt auf dem Grün über einige Zentimeter gleich viel zählt wie der weiteste Abschlag, ist tatsächlich etwas absurd. Da schlägt ein Tiger Woods den Ball 320 Yards weit, und dann verfehlt er diesen kleinen Putt. Aber so ist das Spiel. Man bricht nicht mal die miserabelste Runde ab. Es sei denn, ein Gewitter zieht auf und es blitzt schon. Wer nicht Golf spielt, kann auch nicht nachvollziehen, wie leidenschaftlich, ja besessen man dabei wird.

Ist Golf eine Lebenseinstellung?
Ja, Golf ist eine Hauptsache meines Lebens. Wenn ich an einem Platz vorbeifahre, läuft mir das Wasser im Mund zusammen. Er ist eine Herausforderung, und ich muss ihn spielen, ihn beißen. Nach einer guten Partie fühlt man sich in Hochstimmung, nach einer schlechten möchte man nach Hause gehen und an etwas anderes denken. Eine schlechte Partie spielt man auch nicht mehr im Kopf nach, eine gute hingegen läuft in der Nacht vor dem inneren Auge ab wie ein Film.

Was macht einen Golfer richtig glücklich?
Ein Hole-in-one natürlich – wenn der Ball vom Tee weg mit einem Schlag im Loch landet. Ich hatte vier davon, zwei waren sogar echt gut. Beim ersten in Japan prallte der Ball von einem Laternenmast ab und flog direkt ins Loch. Und das vierte wäre beinahe nicht anerkannt worden, weil die beiden Frauen in unserer Vierergruppe gerade quatschten und der andere Begleiter auch nicht richtig hingeschaut hatte. Er schrie nach meinem Abschlag nur aufgeregt: »Wo ist der Ball?« Er lag im Loch.

Kann ein Schriftsteller in wenigen Worten erklären, worum es bei diesem Sport eigentlich geht?
Der erste Schlag an jedem Loch ist der Drive. Mit ihm fliegt der Ball weit. Bei einem Par-4-Loch etwa sollte man dann mit dem zweiten Schlag, dem so genannten Approach, auf dem Grün landen, damit man eine reelle Chance hat, das Loch auch in vier Schlägen zu meistern. Jedes Grün wird durch Hindernisse geschützt – Sandbunker, Bäche oder Teiche. Liegt der Ball genau vor dem Grün, gibt's kein Problem. Liegt er jedoch seitlich, muss der nächste Schlag irgendeines dieser Hindernisse überfliegen. Dazu muss man den Ball hoch oder sogar mit Unterschnitt schlagen, damit er auf dem Grün nicht zu weit rausrollt. Jede dieser Situationen verlangt eine spezielle Schlägerwahl. Man muss die Distanzen richtig abschätzen und auch das Grün lesen können. Golf besteht also immer aus zwei Teilen: den Ball zum Grün schlagen und dann einlochen.

Die Golfsprache klingt etwas esoterisch – das Grün lesen, was heißt das?
Die Gräser eines Grüns werden jeden Tag geschnitten. Spielt man in Richtung des Schnitts, rollt der Ball schneller, manchmal sogar, wenn das Grün dort leicht ansteigt. Den Schnitt erkennt man am besten um das Loch herum. Auch Bodenwellen und der Wind beeinflussen die Bahn eines Putts. Hat man das Grün im Gefühl, unterscheiden wir zwei Schlagvarianten. Entweder man zielt direkt aufs Loch, muss dann aber treffen, da der Ball sonst zu weit rollt. Deshalb sind kurze Putts besonders gefährlich. Oder man spielt den Ball auf einer leichten Kurve gegen das Loch. Tiger Woods zum Beispiel ist kein guter Putter, das sah man bei den US Open. Er spielt zu aggressiv.

Sie nicht?
Nur beim Abschlag.

Sie sind siebzig Jahre alt. Ärgern Sie Niederlagen noch?
Manchmal. Blöde Menschen oder Leute, die sich selbst zu ernst nehmen, ärgern mich mehr.

Eine schlechte Partie vergessen Sie sofort?
Nein. Wenn ich heute eine Runde unter achtzig Schlägen spiele, ist das sehr gut für mein Alter. Aber man kann nie wirklich zufrieden sein. Nur zwei Spieler blieben bisher auf einer 18-Loch-Runde unter sechzig Schlägen, und der eine von ihnen beklagte sich noch über diesen und jenen schlechteren Schlag, ohne den er sogar statt einer 59 eine 56 hätte erreichen können. Golf ist eben ein Spiel der Fehler. Sie können sich nicht vorstellen, wie niedergeschmettert man nach einer schlechten Runde sein kann. Nach einer 92 bin ich krank.

Wie kommt ein Holocaust-Überlebender überhaupt zum Golf?
Als Student arbeitete ich ab 1949 als Kellner im Copake Country Club, etwa eineinhalb Stunden von New York City in den Catskill Mountains; die waren damals das bevorzugte Erholungsgebiet der Juden New Yorks. Ich war erst zwei Jahre zuvor in die USA gekommen und hatte noch einen scharfen französischen Akzent, der den Leuten gefiel. Es war die Zeit, als die meisten Ehemänner aus dem Krieg zurück waren und versuchten, reich zu werden. Ihre Frauen und Kinder verbrachten den ganzen Sommer in den Catskills. Ich servierte am Morgen das Frühstück, spielte dann 18 Loch Golf, servierte Lunch und spielte noch einmal 18 Loch.

Das war erlaubt?
Sogar erwünscht. Da waren überall Ehefrauen, deren Männer nur übers Wochenende für sie Zeit hatten. Die brauchten uns Jungs als Unterhalter. Wir spielten Tennis und Golf mit ihnen oder was immer sie wollten. Und am Abend tanzten wir zu Orchestermusik.

Und in der Nacht?
Nachts haben wir in der Regel geschlafen.

Haben Sie sich Golf ganz allein beigebracht?
Ich nahm einen Schläger und verliebte mich sofort in diesen Sport. Natürlich trifft man anfangs den Ball nicht, aber wenn die kleine Kugel das erste Mal wegfliegt, macht das so viel Spaß, dass man nicht mehr aufhören kann. Eines Tages bemerkte mich der Pro des

Klubs und sagte: »Du hast einen hübschen Swing, heute Nachmittag zeige ich dir einige Tricks.«

Wer waren damals die Idole?
Sam Snead und Ben Hogan. Snead hatte einen der elegantesten Swings, Hogan ging immer auf den Big Draw los: Das rechte Bein hatte er beim Schlag leicht zurückgezogen, so erhielt der Ball bei ihm einen Seitwärtsdrall und flog auf einer leichten Linkskurve. Laut Hogan durfte der Kopf beim Swing tun, was er wollte, solange er beim Abschlag genau über dem Ball war. Heute lernt man, den Kopf still zu halten, während sich die Schultern bewegen. Nach Hogan wurde Jack Nicklaus eine Leitfigur. Er öffnete den Stand der Füße und spielte den so genannten Fade, bei dem der Ball eine leichte Kurve von links nach rechts beschreibt. Während Jack Nicklaus das subtilere Golf vertrat, begann ich mit dem Powergolf eines Ben Hogan und bin immer beim alten Draw geblieben.

Im Stil des neuen Superstars Tiger Woods, der so weit abschlägt?
Nicht ganz so weit. Aber ich habe in meiner Handicapkategorie schon einige Preise für den längsten Drive gewonnen.

Sie hatten in Ihrer besten Zeit Handicap 3 und blieben im Durchschnitt also nur drei Schläge über dem Platzstandard. Für einen Schriftsteller bedeutet das wahrscheinlich Weltrekord.
Den großen Sprung machte ich nach der Armee, als ich für meine Dissertation nach Los Angeles ging. In Kalifornien kann man das ganze Jahr über spielen. Jeden Tag war ich um sechs Uhr früh auf dem Platz, spielte meine 18 Loch und stand um zehn Uhr vor meiner ersten Studentenklasse.

Lebten Sie immer in der Nähe eines Platzes?
Ja. Selbst bei der Armee konnte ich spielen. Ich war in North Carolina stationiert, einem wahren Golfparadies. Dann schickte man mich kurz in den Koreakrieg und zum Glück bald nach Tokio, weil dort Französischübersetzer gebraucht wurden. Die Armee hatte da einen eigenen Golfplatz, auf dem kleine japanische Mädchen barfuß für uns die Wägelchen herumschoben. Dann unterrichtete

ich in Santa Barbara. Zu der Zeit begann meine Frau zu golfen. Auch unsere Kinder spielen alle Golf.

Kann man den perfekten Schlag überhaupt lernen, oder ist er eine Gabe?
Jeder Mensch hat einen anderen Swing. Er muss lernen, diesen Schwung seiner körperspezifischen Koordination anzupassen, denn eigentlich ist der Golfschwung eine unnatürliche Bewegung. Im Gegensatz etwa zur Rückhand im Tennis. Der Golfschwung ist eine Bewegung des ganzen Körpers, die Kraft kommt jedoch aus den Beinen, nicht aus den Armen, wie viele meinen. Wenn man versucht, den Ball wie beim Baseball zu schlagen, erreicht man gar nichts. Ich war in den Beinen so stark, weil ich früher Schwimmer war; ich hätte beinahe den Sprung ins amerikanische Olympiateam geschafft.

Haben Sie auf dem Platz auch Schwächen?
Der Backspin, aber den beherrschen ohnehin nur die Profis. Auch im Wind bin ich nicht besonders gut. Mein Ball hat die Tendenz, im Wind zu segeln. Meine größte Schwäche ist aber das Spiel aus dem Bunker. Im Sandbunker muss man den Ball mit einem sehr schnellen und glatten Schlag anheben. Wenn einer meiner Bälle sich in den Sand gräbt, werde ich nervös.

Wie lautet Ihr Rat für Anfänger?
Schwing locker, drisch nicht unbeherrscht auf den Ball, lass den Schläger die Arbeit tun, versuch nie, deinen Partner auszuspielen. Im Alter zum Beispiel hat meine Schlaglänge um über 20 Yards auf etwa 220 Yards abgenommen. Wo ich früher ein Eisen 7 nahm, brauche ich heute ein Eisen 6. Also schlage ich in einer Gruppe, wenn immer möglich, vor einem, der einen besseren Drive hat. Sonst würde ich nur versuchen, auf seine Weite zu kommen. Und das geht schief.

Wie hat sich Golf seit Ihren Anfängen verändert?
Vor allem im Material. Die Schuhe haben keine Eisenspikes mehr, sondern welche aus Gummi, und die Bälle und Schläger wurden stark verbessert. Dafür sind die Preise massiv gestiegen. Noch immer

ist Golf eigentlich ein Sport für die obere Mittelschicht, und man sieht nur wenige Schwarze auf den Plätzen. Mein alter Galloway-Driver kostete 369 Dollar. In Japan hätte ich ihn sogar für 1000 Dollar verkaufen können. Dort haben sie überall riesige, mehrstöckige Driving Ranges gebaut. Als ich so eine Range mal ausprobierte, stand neben mir einer dieser super angezogenen japanischen Geschäftsmänner mit einem wundervollen Misuno-Schläger. »Sie haben einen hübschen Swing«, sagte ich ihm, »wo spielen Sie Golf?« Er war noch nie auf einem richtigen Golfplatz gewesen, hoffte aber inständig, dass ihn sein Boss eines Tages zu einer Partie einladen würde, und deswegen übte er wie besessen. Die Japaner sind wirklich verrückt. Die Reichen fliegen übers Wochenende zum Golfen nach Hawaii.

Ist Golf eine Art Meditation?
Golf ist wie Zen. Ein Weg, um zu sich selbst zu finden. Als ich vor Jahren an der Prostata operiert worden bin, sagte meine Tochter Simone: Du musst in dich hineinschlüpfen und gegen den Krebs ankämpfen. So lernte ich Tai Chi. Wenn ich mich gestresst fühle, setze ich mich manchmal einfach auf einen Stuhl, schließe die Augen und verharre so eine halbe Stunde. Golf zu spielen hat auch diese meditative Qualität. Wenn man sich auf das Spiel konzentriert, kann Golf zu einer mystischen Erfahrung werden. Wenn man zu viel denkt, läuft nichts.

Wie in dem berühmten Roman ›Zen und die Kunst ein Motorrad zu warten‹?
Genau. Auf dem Motorrad wie auf dem Platz ist man in seiner eigenen Welt. Entsprechend sagen wir beim Golf: »He is in a zone.« Dieser Ausdruck stammt aus Thomas Pynchons Roman ›Gravity's Rainbow‹. Man ist in der Zone, wenn man ganz bei sich selbst ist, wenn die Realität um einen herum verschwindet. Ich glaube an diese Zone und spüre sie auch beim Schreiben. Manchmal, etwa beim Fernsehen, kommt mir plötzlich eine Idee. Dann renne ich zum Computer und schreibe sie nieder. Auf diese Art entstehen irgendwelche kleine verrückte Geschichten.

Gelingt Ihnen die Konzentration auf dem Platz immer?
Problematisch wird es, wenn andere herumstehen und miteinander diskutieren. Das Schlimmste ist, wenn man warten muss, weil Leute vor einem das Loch noch nicht beendet haben. Dann weiß ich, dass mein nächster Schlag misslingt. Freitags nachmittags spiele ich immer allein, wenn fast niemand mehr Runden dreht. Mit zwei Bällen unterschiedlicher Marken. Dann kämpft mein Titleast Ball gegen meinen Pinacle Ball, und ich habe ein Match gegen mich selbst.

Und Sie bestimmen den eigenen Rhythmus?
Ja, es gibt einen Rhythmus im Golf, und dem muss man folgen. Alles im Leben gründet auf Rhythmus, das Schreiben, das Reden, das Gehen, der Swing. Ich muss immer vorwärts. Deshalb mag ich auch diese Cart Wagen nicht, mit denen viele ihre Schläger von Loch zu Loch karren.

Weil die zu langsam sind?
Nein, weil man mit jemandem zusammen spielen muss, der den Wagen fährt. Ich will zum Ball laufen, um für den Schlag bereit zu sein. Beim Gehen denke ich über den kommenden Schlag nach und weiß meist, welchen Schläger ich als nächsten brauchen werde. Ich kann nicht still stehen.

War das schon immer so?
Ja. Deswegen habe ich auch viele Freunde verloren – und Freundinnen. An der Columbia University war ich über drei Jahre mit einer Frau zusammen, doch dann hielt sie es nicht mehr aus. Während sie ruhig dasitzen konnte, musste ich immer etwas tun. Ronald Sukenick, ein ausgezeichneter Schriftsteller und Mitbegründer des literarischen Fiction Collective, ist auch so langsam. »Oh, ich habe was vergessen«, sagt er ständig und läuft zurück. Ich könnte nie mit ihm spielen, das würde mich verrückt machen.

Hat diese Unruhe etwas mit dem geschenkten Leben zu tun, von dem Sie in ›Die Stimme im Schrank‹ schreiben? Ihre Mutter hatte Sie in Paris im Schrank versteckt, als Ihre gesamte Familie von den Soldaten abgeholt und ins KZ verfrachtet wurde.
Ja, mit dem Überschuss an Leben, der mir 1942 geschenkt worden ist. Vielleicht spielt auch etwas anderes eine Rolle: Andere Kinder hatten in ihrer Jugend Zeit, zur Schule zu gehen oder einfach zu spielen. Ich nicht, wenigstens nicht in der Zeit als Elf- bis Neunzehnjähriger. Es scheint, als ob ich diese Lücke mit meiner Schnelligkeit schließen möchte.

Schreiben Sie so schnell, wie Sie Golf spielen?
Gewöhnlich beginne ich einen Roman, indem ich zwanzig, dreißig Seiten mit vollem Karacho von Hand in ein Notizbuch schreibe. Ohne Korrekturen. Dann stoppe ich und kann an derselben Seite eine Woche verweilen, bis aus dieser Seite sechs werden.

Golfer unter sich sprechen eine eigene Sprache. Haben Sie als Schriftsteller auch schon eigene Golfwörter erfunden?
Nein, aber in meinem Roman ›Die Nacht zum 21. Jahrhundert‹ wird eine Golfpartie auf dem Mond ausgetragen. Weil die Massenanziehung geringer ist, kann ich mir vorstellen, wie wunderbar die Bälle fliegen würden. Zwei Kilometer weit. Mindestens. Golfer kommen überall auf der Welt bestens ins Gespräch. Als ich zum Beispiel einmal im Auftrag des US State Department von Kairo nach Karatschi flog, um in Pakistan Vorträge zu halten, saß neben mir eine gut aussehende Frau. Plötzlich fragte sie: »Sind Sie Golfer?« Sie hatte das an der unterschiedlichen Tönung meiner Hände erkannt. Die eine ist von der Sonne braun gebrannt, die andere wegen des Golfhandschuhs weiß. Wir unterhielten uns die ganze Reise lang über Golf.

Womit beginnen Sie den Tag – mit Schreiben oder Golf?
In meiner ersten Ehe schrieb ich die ganze Nacht durch, doch Erica, meine jetzige Frau, machte mir sofort klar, dass das bei ihr nicht geht. Sie wollte mich im Bett haben. Erica spielt meist am Morgen, während ich bis gegen mittags arbeite. Dann liegt das Schreiben hinter mir, und wenn ich zum Golf gehe, fühle ich mich frei.

Nehmen Sie ein Notizbuch mit auf den Platz?
Nein, aber es kam schon vor, dass ich plötzlich einen Satz auf dem Scoreblatt notierte.

Spielen Sie dann schlechter?
Ich glaube, dass der kreative Saft des Schreibens ins Golf fließt. Wenn ich mich nach dem Schreiben am Morgen gut fühle, klappt es meist auch auf dem Platz.

Sind Sie als golfender Schriftsteller eine Ausnahme?
John Updike spielt Golf, und auch James Laughlin, der Dichter und Verlagsleiter des New-Directions-Verlags, spielte Golf. Meine Romane wollte er nie publizieren, aber er bedrängte mich immer: »Schreib mir einen Golfroman, schreib ein Golfbuch.«

Warum haben Sie es nicht getan?
Ich träumte von einer Geschichte. Ein so genannter Duffer, ein schwacher Spieler also, spielt eines Tages für sich allein eine Traumrunde: Par, Birdie, Par, alles herrliche Schläge, und er fühlt sich wie ein Gott. Doch es gibt eine Regel im Golf, während des Spiels das Totalscore nicht zu beachten. Unser Duffer vergisst das, kommt an Loch 18 und schaut aufs Scoreblatt. »Das darf doch nicht wahr sein«, denkt er, »das glaube ich nicht«, und am letzten Loch vergibt er alles mit einer Acht. So etwas ist mir selbst schon passiert. Wenn man nachzudenken beginnt, schlägt man den Ball plötzlich härter, als man sollte. Lass deinen Körper den Swing ausführen!

Gilt diese Regel auch in der Literatur?
Ja. Mitten in einem Roman verschwindet die Welt. Wird einem das bewusst, bricht das Schreiben ab. So könnte man gutes Golf von schlechtem unterscheiden. Ein schlechter Golfer schlägt den Ball, ein guter Golfer lässt den Schläger den Job tun.

Die Geschichte vom Duffer haben Sie nie aufgeschrieben?
Nein, ich sehe noch keinen Trick, wie ich daraus einen experimentellen Roman machen könnte. Einmal ging mir auch die Geschichte durch den Kopf, eine meiner sieben Reisen quer durch Amerika zu beschrei-

ben, als ich hintereinander einunddreißig Plätze spielte. Wenn ich mich noch daran erinnern könnte, würde ich von jedem Platz das beste Loch auswählen, das ich dort je gespielt habe, und alles zu einem Kurs zusammensetzen. Zu meiner besten Runde überhaupt.

Wo würde die Runde beginnen?
In Copake, als ich 1954 erstmals die achtzig Schläge durchbrach. Für eine 79 brauchte ich am letzten Par-5-Loch eine Fünf, also ein Par. Ich nahm nach dem Abschlag ein Holz 2 und schlug den Ball einfach blind und gerade in Richtung Loch. Wir suchten ihn lange, bis ich mal in den Locheinsatz griff. Da lag er, mitten auf einem Kondom voller Sperma. In der Nacht gingen die Kellner und Betreuer mit ihren Mädchen eben gern in die Natur. Aber ich hatte einen so genannten Albatros erzielt, drei Schläge unter dem Par des Lochs, und mit der 76 auf dem Scoreblatt hatte ich ein Glücksgefühl, das ich gern wieder aufleben lassen würde. In unserem Klub in Buffalo haben wir etwa dreihundertfünfzig Mitglieder. Von denen sind höchstens fünfzig schon mal unter achtzig Schlägen geblieben.

Golfer beschreiben den Flug der Bälle gern mit Vogelnamen: Birdie, Albatros, Eagle. Etwa, weil die Bälle den Vögeln mitunter gefährlich werden können?
Manchmal. In Westwood fiel nach einem meiner Drives eine Seemöwe vom Himmel. Ich habe mich fürchterlich schlecht gefühlt. Auch Eidechsen werden gelegentlich getroffen.

Vorhin erwähnten Sie Updike. Haben Sie schon einmal mit ihm gespielt?
Nein. Wir sind uns nie begegnet. Allerdings bin ich auch kein großer Updike-Fan.

Warum nicht?
Updikes Stil ist bourgeois, typisch amerikanische Mittelklasse. Zuviel Rokoko für meinen Geschmack. Er kitzelt die Leser mit sexuellen Szenen, doch tief in seinen Büchern lauert eine giftige Religiosität, eine protestantische Schuld. Updike ist ein Mainstreamautor geworden, der die Kraft seiner Berufung nicht ausgeschöpft hat.

Samuel Beckett soll auch ein ausgezeichneter Golfer gewesen sein.
In seinem Roman ›Murphy‹ umschreibt er den Fall eines Balls ins Loch mit einem Flötenton – eine wunderschöne Metapher. Ich habe ihn erst 1963 in Paris persönlich kennen gelernt, da hatte er schon mit dem Golfen aufgehört. Damals war es in Frankreich nicht leicht, einen Platz zu finden, und Beckett war bereits zu berühmt; er scheute den Publikumsaufmarsch. Aber wir haben viel über die Schönheit des Spiels gesprochen. Beckett sah wie ein Vogel aus und war ein Engel, der von oben herab kam, um uns zu lehren, wie man besser hört, besser sieht, besser liest, besser schreibt. So wie Beckett von oben kam, stieg ich von unten herauf, aus einer Höhle. Es ist bemerkenswert, dass wir irgendwie zueinander fanden und Freunde wurden.

In Deutschland haben Ihre Bücher mehr Erfolg als in den USA. Als einen der Gründe vermuten Sie, dass die Deutschen Ihre Sicht von Amerika mögen. Wie lautet die?
Amerika existiert nicht. Ich weiß das, weil ich dort wohne. Das, was Amerika genannt wird, ist Fiktion, Illusion, erfunden von Walt Disney. Die meisten Amerikaner leben in dieser Illusion, und genau das war der Grund, warum ich nach Amerika kam. Ich wollte von der Realität weg und in einem Traum leben, dem großen amerikanischen Traum.

In Ihrem Klub in Buffalo sind die meisten Mitglieder jüdisch. Sie selbst sind allerdings kein praktizierender Jude.
Nein, absolut nicht. In diesem Sinn ist der Westwood Country Club für meinen Geschmack etwas zu eng. Die meisten Juden sind übrigens Atheisten wie ich. Sie sind sogar die besten Atheisten überhaupt.

Jack Nicklaus schrieb einmal, wenn ihm nur noch eine Runde zu spielen bliebe, würde er sie in Pebble Beach absolvieren. Welches ist Ihr Lieblingsplatz?
Pebble Beach in Monterey bei San Francisco ist zum Golfmekka geworden und tatsächlich der schönste Platz. Mein bestes Score hatte ich aber auf dem langen und schwierigen Kurs des Rancho Park in Los Angeles. Allerdings geht es mir immer nur um das Spiel, nicht

um das Resultat. Vielleicht müsste ich meine Golfgeschichte aus der Sicht des Balls schreiben. Beim Putt auf dem Grün zögert er manchmal und fällt dann doch noch hinein. Oder er plumpst ins Loch und springt wieder raus. Und manchmal scheint er sich zu beklagen, stoppt genau am Rand des Lochs, als wolle er damit sagen: Fuck you!

Kary Mullis
»Wenn 99 Prozent aller Wissenschaftler einer Meinung sind, ist sie mit großer Wahrscheinlichkeit falsch«

In Newport Beach an der kalifornischen Pazifikküste haben sich Stars aus der Show- und IT-Branche ihre Traumhäuser gebaut. Zu diesen Träumen kann auch ein Tunnel gehören, der die Villa mit dem Privathafen verbindet. Am Ufer liegen Yachten. Selbstverständlich verfügt auch die Wohnung von Kary Mullis über Meerblick. Doch er arbeitet zumeist nachts. Vor allem, wenn er schreibt. Am Morgen schläft er dann, während seine vierte Frau Nancy die ekstatisch verfassten Manuskripte korrigiert. Oder er geht surfen. Oder er fährt zum Büro seines Unternehmens, um die Medizin zu revolutionieren. Seine neueste Erfindung soll es bald jedem möglich machen, das Blut am eigenen PC auf Krankheiten zu untersuchen. Beim alljährlichen Meeting der Nobelpreitsräger in Lindau verärgerte er im Jahr 2000 die Kollegen mit einer heftigen Attacke auf das Unvermögen der Hausärzte. Mullis kümmerte das nicht, der Chemiker findet Gefallen daran, die Welt zu irritieren. Er ist an der legendären Uni in Berkeley groß geworden und hat in den sechziger Jahren mit LSD experimentiert, als viele in Europa lediglich Beatlesplatten hörten, um in Verzückung zu geraten. Mullis, Jahrgang 1944, züchtet in seinem lichtdurchfluteten Wohnzimmer Orchideen, an der Wand hängt ein Prototyp seiner CD zur Blutanalyse, auf dem Tisch steht eine Flasche Rotwein. Das Gespräch führten André Behr und Lars Reichardt im Mai 2000 in Newport Beach.

Herr Mullis, tut es weh, ausgelacht zu werden?
Es gibt sogar Menschen, die ihr Geld damit verdienen. Nein, mir macht das überhaupt nichts aus, ich hatte schon immer ein außerordentlich gesundes Selbstbewusstsein.

Wie bekommt man so viel Selbstvertrauen?
Ich habe mit vierundzwanzig Jahren meine erste Arbeit über Kosmologie im Magazin ›Nature‹ veröffentlicht und damit schon als Chemiestudent mehr erreicht als die meisten meiner Lehrer. Mein Gott, dachte ich damals, ich habe das Rätsel des Universums gelöst, und gönnte mir darauf einen kleinen Joint.

Sie haben damals auch mit anderen Drogen experimentiert. Hat dieses offene Eingeständnis Ihre Reputation beschädigt?
Ich hatte nie einen Ruf zu verlieren, außer bei den Menschen, die mich näher kennen. In der Öffentlichkeit gelte ich ohnehin als der surfende Nobelpreisträger.

Hat der surfende Chemie-Nobelpreisträger das Rätsel des Universums tatsächlich gelöst?
Ich halte den Artikel in ›Nature‹ immer noch für ziemlich schlau, auch wenn er in Einzelheiten sicherlich überholt ist.

Hat die Physik Ihre Ideen übernommen?
Nein, aber mich kümmert es auch nicht, ob meine Ideen aufgegriffen werden. Verstehen Sie mich richtig: Ich glaube nicht, dass sich Brillanz zwangsläufig nur bei brillanten Denkern zeigt. Man braucht auch das Glück, im richtigen Moment am richtigen Ort zu sein. Das Wichtigste ist deshalb die Veröffentlichung einer Idee. Irgendwann wird sie dann schon diskutiert werden. Und selbst wenn man zuerst ausgelacht wird, darf man sich nicht für seine Überzeugungen schämen. Lach ruhig weiter, denke ich mir bei Leuten wie Robert Gallo …

Einem der Entdecker des HI-Virus …
Wer ist schon dieser Typ, der mir das Denken verbieten will? Er sollte erst einmal selbst den Nobelpreis holen, bevor er sich mit mir anlegt. Das mag zwar wirken, als ob ich der größte Angeber auf diesem Planeten wäre, aber ich habe auf keinen Fall vor, mir von irgendjemandem meine gute Laune verderben zu lassen.

Vielleicht stören sich einige Kollegen nur daran, dass Sie sogar an die Sterne glauben.
Wo habe ich bitte behauptet, dass ich an irgendetwas glaube? Ich glaube an meine Frau Nancy und, bis zu einem gewissen Grad, an mich selbst. Die Astrologie habe ich anfänglich in Frage gestellt wie die meisten anderen auch, aber im Laufe meines Lebens geschahen einfach zu viele merkwürdige Dinge, als dass ich sie weiter ignorieren könnte. Ein Wissenschaftler muss sich mit Modellen auseinan-

der setzen, die scheinbar stimmige Erklärungen liefern, so sonderbar sie auch klingen mögen. Vergleichen Sie doch im ›Who's Who‹ die Berufe der bekanntesten Menschen mit ihrem Horoskop: Die weltweit besten Ärzte sind meist im Juni oder Juli geboren, Anwälte häufig Ende August, Anfang September. Die Zeitschrift ›Science‹ hat dieses Phänomen übrigens vor kurzem aufgegriffen. Aber ich glaube nicht an Astrologie, ich respektiere sie als eine Überlieferung, die man vielleicht irgendwann wissenschaftlich begründen kann.

Haben kalifornische Wissenschaftler in dieser Hinsicht weniger Berührungsängste?
Ich fürchte nein. Als Student in Berkeley habe ich mein Abonnement von ›Time‹ und ›Newsweek‹ gekündigt und das Vertrauen in die akademische Wissenschaft restlos verloren. Ich glaubte nicht mehr jedem blind, der mir zum Beispiel etwas von globaler Erwärmung erzählte, ohne mich selbst davon zu überzeugen. In Berkeley lernte ich, alles und jeden zu hinterfragen, gerade bei den offenkundigsten Dingen. Informationen, die man umsonst bekommt, stimmen meistens nicht. Dagegen werden Sie in Berkeley kaum jemanden finden, der sich auch nur theoretisch mit Entführungen durch Außerirdische auseinander setzen würde. Das wäre zu unbequem.

Sie trauen sich das?
Im akademischen Betrieb muss man ständig auf die Linie seines Instituts, seines Direktors und aller möglichen alten Männer Rücksicht nehmen. Ich bin unabhängig und lasse mir von niemandem den Mund verbieten. Selbst bei meinen Jobs in der freien Wirtschaft. Ich bin einfach so frei wie kaum einer aus meinem Bekanntenkreis. Ich habe keine Interessen, die ich mit aller Macht durchzubringen versuche, und mir ist es egal, was andere über mich denken. Meine Frau liebt mich, das reicht mir. Ich lebe ohnehin nicht in dieser Welt, sondern fühle mich eher den Büchern oder den Affen im Regenwald verbunden. Obwohl ich die augenblickliche Aufbruchstimmung in der Chemie oder Elektronik sehr genieße.

Ihr ehemaliger Arbeitgeber hat mit Ihrer Erfindung der Polymerase-Kettenreaktion, für die Sie 1993 den Nobelpreis erhielten, dreihundert Millionen Dollar verdient. Wovon leben Sie?
Von Vorträgen und Beraterverträgen, und seit etwa einem Jahr bin ich Vizepräsident eines kleinen Unternehmens mit fünfzig, sechzig Angestellten. Wir arbeiten an CDs, auf die man Blutproben direkt auftragen kann, die dann am Computer untersucht werden. Wenn das klappen sollte, kann unsere CD ein ganzes Labor ersetzen und etwa bei Verdacht auf Herzinfarkt in Sekundenschnelle die fünf, sechs relevanten Blutwerte überprüfen. Das wird so einfach sein, dass Sie die Diagnose ohne Arzt stellen können. Es gibt mehr als zweitausend Blutwerte, die man bisher nur im Labor analysieren kann, zum Preis von etwa 15 000 Dollar. Ich glaube, es wird funktionieren. Wir haben schon einige Konkurrenten aufgekauft, damit sie uns nicht ärgern können, natürlich auch, um ihre Fachleute zu bekommen. Jetzt hoffen wir, nicht selbst gekauft zu werden. Der Markt ist immens. Ich werde sehr viel Geld verdienen.

Wofür werden Sie es ausgeben?
Ich werde ein riesiges Teleskop bauen.

Existiert Stargene noch? Das Unternehmen, mit dem Sie in Plastik gegossene Erbgutkopien von Elvis Presley und Marilyn Monroe an Fans verkaufen wollten?
Dieses Projekt ist vorläufig auf Eis gelegt. Die Menschheit war noch nicht reif dafür, vielleicht ist sie es in zwanzig Jahren. Wahrscheinlich ist es auch daran gescheitert, dass niemand von uns die geringste Ahnung von Marketing hatte. Wir haben es ja nicht mal geschafft, an eine DNA-Probe von Elvis zu kommen. Priscilla Presley hat die Verhandlungen in letzter Sekunde abgebrochen. Ich hätte mich am besten gar nicht damit beschäftigen sollen, ich bin eben in erster Linie Biochemiker.

Ein Biochemiker, der häufig das niedrige Niveau in den Naturwissenschaften beklagt.
Das muss man im Zusammenhang sehen. Der Wissenschaft geht es immer noch sehr viel besser als der Popmusik, der Politik und der

katholischen Kirche. Die Naturwissenschaften sind die einzige Kraft, die seit Jahrhunderten ständig an Einfluss gewinnt. Allerdings funktioniert Wissenschaft nicht nach demokratischen Prinzipien. Eher im Gegenteil. Wenn 99 Prozent aller Wissenschaftler derselben Meinung sind, ist sie mit großer Wahrscheinlichkeit sogar falsch. Aber auch wenn 99 Prozent aller Wissenschaftler Schlafwandler sind, so hat doch das restliche Prozent in den letzten dreihundert Jahren ungeheuer viel erreicht.

Warum müssen Wissenschaftler eigentlich streiten?
Meine Meinung deckt sich sehr oft nicht mit dem Mainstream, nicht einmal mit der gerade vorherrschenden Expertenmeinung. Aber die Wissenschaft sollte sich an ihre Regeln halten, und die wichtigste lautet: Wer jemanden von seiner Wahrheit überzeugen will, muss ihm zeigen können, was ihn selbst überzeugt hat – im wissenschaftlichen Rahmen, nach den strengen Gesetzen der Logik. Wer mir beweisen will, dass der HI-Virus tatsächlich Aids verursacht, muss mir seine Experimente zeigen können.

Warum ist dann ein Mann wie Robert Gallo so erfolgreich, wenn er Ihrer Meinung nach die vorherrschende Aidsthese nie wissenschaftlich nachgewiesen hat?
Erfolg hat Gallo nur als Geschäftsmann, nicht als Wissenschaftler. Dasselbe gilt allerdings auch für Bill Gates. Was soll's? Das spricht noch lange nicht gegen die Wissenschaft und ihre Methoden. Uns allen steht doch heute ein Wissen zur Verfügung, für das Könige vor dreihundert Jahren noch Kriege geführt hätten. Ich hätte mir damals Wissenschaftsaktien zulegen sollen. Aber wie soll der Laie wissen, welchem Wissenschaftler er glauben kann? Man sollte niemandem glauben, auch mir nicht. Trauen darf man nur den eigenen Nachforschungen. Wer sich gemütlich auf den Rücken legt und sich alles sagen lässt, bekommt auf alle Fragen irgendwelche Antworten. Meist die falschen.

Zum Beispiel?
Nehmen Sie das Internet: Dort wird man mit Informationen überflutet. Mit den Webseiten, die am einfachsten zu finden sind, verdient

meist irgend jemand Geld. Ich hatte mal einige ziemlich gefährliche Spinnenbisse. Nach den Tipps der Experten hätte ich erstens nicht gebissen werden dürfen – es hieß, diese Spinnenart sei gar nicht aggressiv. Zweitens hätte ich mir riesige Hautstücke aus dem Arm schneiden müssen, um zu überleben, weil angeblich kein Medikament half. Ein befreundeter Arzt fand schließlich doch eines.

Krankt die moderne Wissenschaft an zu vielen Expertenmeinungen?
An zu vielen selbst ernannten Experten. Im Internet gibt es noch viel schlimmere Fälle von Desinformation als die über Spinnen: etwa zur so genannten globalen Erwärmung. Bei der Flut von Webseiten zu diesem Thema muss man sich fragen: Wer stellt welche Informationen aus welchem Grund zur Verfügung? Dabei kann man deutlich zwei Gruppen unterscheiden. Die meisten vertreten das Konzept, wir Menschen seien für die Aufheizung der Atmosphäre verantwortlich. Diese Leute erhalten ihre Forschungsgelder in der Regel von staatlichen Organisationen. Nur eine kleine Minderheit hält es für völligen Blödsinn, dass der Mensch für die globale Erwärmung allein verantwortlich sei. Dazu gehöre ich. Wir sagen: Hey, sind vor fünfzehntausend Jahren die Gletscher geschmolzen, weil die Leute zu viele Lagerfeuer angezündet haben? Nein, und auch die nächste Eiszeit werden nicht wir Menschen verursachen. Da sind mächtigere Kräfte im Spiel. Aber wer würde eine solche Meinung finanzieren?

Vielleicht die Autoindustrie. Der Nobelpreisträger und Ozonforscher Mario Molina vom Massachusetts Institute of Technology jedenfalls nicht.
Molina ist ein Krankenpfleger, kein Wissenschaftler. Ich traf ihn einmal auf einer kleinen Cocktailparty, die in den USA jedes Jahr für Nobelpreisträger gegeben wird. Davor hatte ich sogar sein fürchterlich langweiliges Buch durchgearbeitet, um ihn zu fragen: Was kapiere ich da nicht? Das UV-Licht der Sonne trifft auf die Sauerstoffmoleküle unserer Atmosphäre; dabei entsteht Ozon, das einen Schutzschild aufbaut, der die für uns schädliche UV-Strahlung von der Erde fern hält. Würde diese Ozonschicht aus irgendeinem Grund dünner, müsste mehr UV-Licht durchdringen, auf darunter liegende Sauerstoffmoleküle treffen und wiederum Ozon bilden – ein

Ozongleichgewicht also. Wie kann da ein Loch entstehen? Ist etwa plötzlich der ganze Sauerstoff von der Erde verschwunden?

Was hat Molina geantwortet?
Es sei viel komplizierter. Und als ich sagte: »Erkläre mir das, ich bin doch nicht blöd, wo liegt das Problem? Wenn das Sonnenlicht auf einen von Sauerstoff umgebenen Planeten scheint, wird es in einer gewissen Höhe immer eine Ozonschicht bilden, die genügend dicht ist, um den Boden vor der UV-Strahlung zu schützen. Außer, es gibt keinen Sauerstoff mehr«, da antwortete er nur »Das verstehst du nicht« und lief weg. Molina hat nicht einmal gefragt, wie ich zu meinem Einwand komme. Er wollte mir anscheinend deutlich machen, dass ich das Problem bin. Er hatte seine Chance genutzt, Forschungsgelder einzustreichen. Die ganze Welt ist auf ihn hereingefallen.

Was sehen wir denn in den Nachrichten, wenn sie uns die neuesten Bilder des Ozonlochs über der Antarktis zeigen? Kein Loch?
Sicherlich gibt es in der Atmosphäre Schwankungen der Ozondichte, nur müssen die lange nicht so dramatisch sein, wie sie dargestellt werden.

Bezweifeln Sie die Messergebnisse?
Auch Messergebnisse müssen richtig interpretiert werden. Stellen Sie sich vor, zehn Meter unter der Wasseroberfläche zu liegen, über der die Sonne scheint. Aufgrund der Lichtphänomene, die sie da sehen, weil dauernd Wellen über sie hinweglaufen, könnten sie auch auf komische Gedanken über die Natur kommen. In den obersten Schichten der Lufthülle der Erde passiert genau das Gleiche. Wellen von acht Kilometer Höhe laufen durch die Atmosphäre. Natürlich gibt es etwas, was man als Loch über der Antarktis interpretieren kann, aber dieses Phänomen ist keinesfalls neu. Wenn man wirklich wissen will, ob die Ozonschicht dünner wird, muss man am Boden messen, wie viel UV-Strahlung durchdringt. Das wird nicht gemacht, weil die Abweichung in zwanzig Jahren wahrscheinlich nur ein halbes Prozent beträgt. Warum verändert sich die durchschnittliche Temperatur von 25 Grad Celsius hier in Newport Beach seit sechzig

Jahren nicht? In fünfzehntausend Jahren wird sie sich verändert haben, es wird kalt werden und ganz Kanada bis nach Minnesota wieder vereisen. Durch den Einfluss der so genannten globalen Erwärmung? Nein, sondern weil diese Veränderungen zyklisch ablaufen. Der Mensch hat darauf kaum Einfluss.

Warum sagt man uns nicht die Wahrheit?
In der Wissenschaft kennt niemand die absolute Wahrheit. Zu keinem Zeitpunkt. Das Wesentliche an der wissenschaftlichen Methode ist, dass sie den Menschen vom Aberglauben befreit. Mir ist es egal, wie gut einer reden kann oder wie erfolgreich er im Geldverdienen ist. Von einem Wissenschaftler will ich wissen, wie ich seine Beobachtungen selbst nachvollziehen kann. Wissenschaft vermittelt keine letzten Erkenntnisse über das Universum. Sie sagt nur: »Wenn du das machst, wird jenes geschehen, und das sind die Regeln, nach denen das Experiment abläuft.« Ich habe die wildesten Vorstellungen davon, was im Universum geschieht. Wenn Sie mal eine Nacht mit mir unterwegs sind, wenn wir an einem Fluss sitzen, zusammen einen Joint rauchen und über das Universum plaudern, könnte ich Ihnen das erzählen. Aber ich würde es niemandem als Tatsache verkaufen wollen. Die Wissenschaft hat sich im 17. Jahrhundert von solchen Plaudereien verabschiedet.

Hat die Wissenschaft auch das richtige Werkzeug, um den Menschen zu verstehen?
Sie ist das einzige Werkzeug. Vielleicht wird man eines Tages sogar eine wissenschaftliche Erklärung für die Seele finden, die nichts mit der DNS zu tun hat. Jim Watson …

… einer der beiden Entdecker der Struktur der Desoxyribonukleinsäure …
… und ein Mann, den ich sehr verehre: Hier würde er mir allerdings mit großer Wahrscheinlichkeit heftig widersprechen.

Gibt es kein Gen für die Seele?
Bestimmt nicht. Die DNS ist lediglich das Medium, mit dessen Hilfe die Evolution ihr Wissen aus der Vergangenheit in die Zukunft weitergibt – darum geht es. Aber den menschlichen Geist machen sicher-

lich noch andere Dinge aus als die Gene allein. Ich bin mehr als die Summe der Gene meiner Eltern, so dankbar ich ihnen für ihr Erbgut bin. Nur können wir die anderen Mechanismen noch nicht verstehen. Vor kurzem kannte man noch nicht einmal die Gene. Das Universum ist meiner Meinung nach viel verrückter als unsere kühnste Vorstellung davon.

Waren Sie ein Wunderkind?
Ich habe nicht mit vier Jahren die Algebra von Euler gelesen, und meine Mutter wusste auch nicht, wie der Strom im Haus funktioniert. Sie hatte nur Angst davor, ihr Junge könnte bei seinen Experimenten versehentlich das Haus abfackeln. Das meiste von dem, was ich weiß, habe ich aus Büchern gelernt. Und irgendwann musste ich in der Schule einfach feststellen, dass meine Lehrer gar nicht so genau wussten, wovon sie redeten.

Waren Sie als Schüler schon so widerspruchsfreudig?
Mit fünfzehn Jahren habe ich noch den Mund gehalten. Aber mit Ausnahme meines Physiklehrers habe ich nie eine wirkliche Autoritätsperson getroffen. Herr Parks treibt mir jetzt noch Tränen in die Augen. Er gab mir seine Bücher über die Relativitätstheorie und sagte: »Kary, ich glaube, die werden dir gefallen.« Mit dem Chaostheoretiker Benoît Mandelbrot habe ich später ganze Wochen verbracht. Ich habe fassungslos auf die Schönheit seiner geometrischen Figuren gestarrt und seine Fraktale manchmal in einem Vortrag mit dem Diaprojektor auf Fotos von nackten Frauen projiziert.

Sind Sie immer noch der einzige surfende Nobelpreisträger?
Wahrscheinlich schon, obwohl es ja keine Regel gibt, die Nobelpreisträgern das Surfen verbietet. Die meisten Kollegen sind allerdings ziemlich alt, ich bin ja auch schon fünfundfünzig. Ich wohnte in San Diego nahe am Strand und sah diese Jungs mit ihren Surfbrettern anmarschieren; da dachte ich mir: Was die können, kann ich auch.

Was fasziniert Sie so am Surfen?
Was fasziniert den Segler am Meer? Jedes Mal, wenn man hinausfährt, ist es anders. Es gibt keine fixen Rampen wie bei den Skateboardern.

Die Wellen sind etwas Eigenes. Da wird es aufregend und schon fast spirituell. Man spürt diese gewaltige Kraft, den Ozean. Das lässt einen größer werden, als man ist. Man surft auf einer Welle, aber man ist nicht die Welle. Man gleitet an ihr herunter, und hinter einem baut sich eine Wand auf, die immer weiter und weiter wächst. Damit kann man spielen. Das macht auch einfach Spaß.

Reizen den Biochemiker die Myriaden von Wassermolekülen, die als Ganzes wie ein lebendiges System wirken?
Daran denke ich manchmal, ja, aber mir fällt hier keine coole Beschreibung dieser Gefühle ein, die nicht schon in irgendeinem Surfermagazin stand. Vielleicht ist Surfen so, wie ein neues Mädchen kennen zu lernen. Man versucht sein Bestes, um auf die Welle zu kommen, und versucht, möglichst lange dranzubleiben.

Kommt man beim Wellenreiten auf gute Ideen?
Wenn jemand kreativ ist, dann die Welle selbst. Sie muss herausfinden, was sie mit dir anstellen will; du selbst kämpfst nur. In gewissem Sinn ist Surfen sogar ein Versuch, der Kreativität zu entfliehen. Man liefert sich aus an äußerst komplizierte Kräfte, die man nicht wirklich beherrschen kann. Nur gute Surfer können kreativ sein und im letzten Moment, bevor die Welle bricht, noch etwas Cooles machen. Ich bin dagegen ganz ihrer Gnade ausgeliefert. Mein Lehrer hat mir zwar gezeigt, wie ich mit den Wellen umgehen muss, aber bei mir geht es eher darum, nicht zu ertrinken.

Ist Surfen gefährlich?
Manchmal, wenn ich unter einer großen Welle begraben wurde, dachte ich schon: Jetzt bist du tot. Dann ist es besonders nett, mit jemandem reden zu können, von dem man glaubt, er habe die Macht, einem zu helfen. Ich nenne ihn spaßeshalber höheres Wesen. Aber beim Surfen umzukommen wäre doch ziemlich lächerlich und blöd.

Freeman Dyson
»Man hat nicht auf mich gehört – und das war auch ganz gut so«

Arbeitszimmer von Wissenschaftlern gleichen einander. Berge von Manuskripten und Büchern auf Regalen, Stühlen, Tisch und Boden. Dazwischen irgendwo mindestens ein Computer, der wie ein Haustier inmitten des Durcheinanders gemütlich vor sich hin döst. In Freeman Dysons Büro am Institute for Advanced Study erinnern schlichte Holzmöbel an die Zeiten, als noch berühmtere Forscher als er hier lebten und arbeiteten. Zum Beispiel Albert Einstein, der das ehrwürdige Institut in Princeton prägte. Freeman Dyson konnte ihn sehen, wie er durch den wunderbaren Park spazierte, doch geredet haben die beiden nie miteinander. Das große Vorbild für Generationen von Wissenschaftlern interessierte sich nicht mehr sonderlich für die Arbeit der Jungen. Bekümmert hat das Dyson nie. Sein Interesse galt und gilt der Zukunft, nicht der Vergangenheit. Geboren 1923 in Crowthorne, Berkshire, England, als Sohn eines Musikers und einer Juristin, musste er sein Mathematikstudium wegen des Zweiten Weltkriegs unterbrechen. Ihm wurde die Aufgabe übertragen, die Trefferquoten der Bomberstaffeln statistisch zu analysieren. Nach dem Krieg wechselte Dyson von der reinen Mathematik zur Physik, studierte in den USA und spielte eine wichtige Rolle bei der Formulierung der Quantenelektrodynamik, einer Theorie, die zum wichtigen Baustein für das Verständnis der Elementarteilchen wurde. Ende der fünfziger Jahre bereits Professor am Institut, bot sich Dyson eine Gelegenheit, einen Jugendtraum zu verwirklichen. Die NASA suchte Wissenschaftler, um eine Marsrakete zu bauen. Das Projekt scheiterte, doch Dyson ließ sich die Vision vom Reisen im Weltraum dadurch nicht nehmen. Kein Wunder, dass sein Büro immer noch so karg eingerichtet ist – man braucht nicht viel im irdischen Leben, wenn man an den Aufbruch der Menschheit in extraterrestrische Sphären glaubt. Das Gespräch führten André Behr und Lars Reichardt im Juli 2000 in Princeton.

Sie sind bekannt für mutige Zukunftsprognosen. Vor vierzig Jahren haben Sie der Menschheit schon Kolonien im Weltraum prophezeit und an einer Rakete mit Atomantrieb gearbeitet …
1959 war das. Irgendwo hier im Büro müssten auch noch ein paar Aluminiumsplitter einer hochexplosiven Orion-Testrakete herumliegen. Keine Angst, nichts Gefährliches, nur eine kleine Erinnerung.

Erinnern Sie sich auch noch, dass Ihr Lehrer, der Zahlentheoretiker Godfrey Hardy, angewandte Mathematik bestenfalls für geeignet hielt, andere Menschen umzubringen?
Oh ja, er fand sie abstoßend und hässlich. Hardy war stolz darauf, dass nicht eine einzige seiner mathematischen Forschungen praktischen Nutzen hatte. Das ist bis heute so geblieben. Er kann weiter in Frieden ruhen.

Sie sind nicht einmal davor zurückgeschreckt, für das Militär zu arbeiten.
Ich bin immer noch Mitglied des Jason-Komitees, das die Regierung berät. Ich habe mich damit beschäftigt, wie lange Bomben in Regalen liegen können, bevor sie anfangen zu verrotten, oder wie man sich bei einem Anschlag mit Biowaffen zu verhalten hat. Aber eigentlich geht es bei dieser Arbeit wirklich nur darum, idiotische Rüstungsprojekte abzuschießen. Erfinden sollen wir dort nichts.

Heute hoffen Sie trotz der Warnungen Ihres Lehrers, die Welt mit den Segnungen der Wissenschaft zu verbessern.
Ich habe zwar nie nachgezählt, wie viele es sind, aber ich denke, dass immer mehr Forscher darüber nachdenken, wie die Wissenschaft dazu beitragen könnte, größere soziale Gerechtigkeit zu schaffen. Vielleicht ist es auch eine Frage des Alters. Junge Kollegen sind dafür wahrscheinlich zu beschäftigt.

Oder teilen Ihren Optimismus nicht, dass der Menschheit durch die neuen Gen- und Informationstechnologien der baldige Sieg über Armut und Hunger bevorsteht.
Ich habe mich schon öfter in meinem Leben getäuscht. Aber ich liege mit meinen Voraussagen lieber falsch, als vage zu bleiben.

Jedenfalls hat man Sie gerade erst in eine Reihe mit Mutter Teresa, Alexander Solschenizyn und dem US-Fernsehprediger Billy Graham gestellt.
Diese Auszeichnung kam für mich völlig überraschend. Ich würde mich selbst nicht einmal als religiös bezeichnen.

Der mit knapp einer Million Dollar dotierte Templeton-Preis wird doch für Verdienste um die Religion vergeben?
Ich kann es mir nur so erklären, dass in dem Komitee viele Akademiker sitzen, die kein besonders großes Interesse an der Realität haben. Ich bin weiß Gott kein Heiliger, aber immerhin Physikprofessor und Buchautor. Damit können sie etwas anfangen.

Haben Sie den Wall-Street-Milliardär John Templeton persönlich kennen lernen dürfen?
Es gab Festlichkeiten in London, Washington und New York, und er war stets dabei. Mr Templeton scheint großen Spaß am kirchlichen Zeremoniell zu haben. In Washington kam ich mir vor, als ob ich heilig gesprochen werden sollte. Eine große Prozession mit Kerzen und Kirchengewändern marschierte da auf, ein wirklich ganz erstaunliches Erlebnis war das.

Sie beschreiben Wissenschaft und Religion als zwei Fenster, durch die man auf die Welt sieht. Kann man durch diese Fenster gleichzeitig blicken?
Nein. Keines dieser Fenster bietet eine komplette Sicht der Dinge. Durch das Wissenschaftsfenster sieht man mehr das Äußere der Dinge, und man braucht für dieses Sehen Werkzeuge, Instrumente wie Mikroskope oder Teleskope. Zudem ist diese Fensterscheibe auch recht matt. Das religiöse Fenster ist eher auf die Innerlichkeit der Welt gerichtet. Für dieses Sehen braucht man keine Instrumente – wenn man denn überhaupt etwas sieht. Das religiöse Erleben kommt unmittelbar.

Haben Sie schon einmal so ein Erlebnis gehabt?
Ich habe es immer dann, wenn ich mir bewusst werde, dass es Fragen gibt, die von uns Wissenschaftlern nicht beantwortet werden können. Aber Religion hat für mich vor allem soziale Bedeutung. Zu einer Kirche zu gehören heißt, Teil einer Gemeinschaft zu sein.

Mit Spiritualität hat das nichts zu tun. Religion ist eher das, was man tut, als das, woran man glaubt. Religion ist ein Lebensstil. Aber im Grunde habe ich keine Ahnung, was das Wort Religion bedeutet.

In welches der beiden Fenster blickt die Gesellschaft?
Die meisten Menschen machen sich weder viel aus Wissenschaft noch aus Religion.

Man hält den Fernsehschirm für das wichtigste Fenster?
Das ist sogar mit absoluter Sicherheit der Fall.

Ist Glaube die Quelle für den überschwänglichen Optimismus in Ihrem neuesten Buch?
Ganz im Gegenteil. Ich habe einige ganz praktische Gründe für meinen Zukunftsglauben, aber mein optimistisches Temperament hat mich auch nicht daran gehindert, in die Kirche zu gehen, um dort ein bisschen zu feiern. Darum geht es doch in der Kirche, nicht wahr?

Bill Joy, als Chefentwickler von Sun Microsystems selbst treibende Kraft auf dem Gebiet der neuen Technologien, zeigt sich seit kurzem skeptischer. Der Mensch müsse aufpassen, lautet seine Warnung, demnächst nicht selbst von Maschinen regiert zu werden.
Ich finde es schon lustig, dass Joy plötzlich aufgewacht ist. Natürlich sind diese Technologien gefährlich, das ist doch längst bekannt.

Sie teilen seine Bedenken?
Nein. Die Gefahr ist zwar da; aber wenn man vorsichtig mit den neuen Technologien umgeht, werden sie sehr wertvoll sein. Joy begreift auch nicht, dass von der Genetik viel größere Gefahren ausgehen als von der Informations- und Nanotechnologie. Deshalb haben wir zumindest in den USA sehr strenge Gesetze. Wer am Menschen herumpfuscht, landet bei uns im Gefängnis.

Woran erkennt man den Fortschritt?
Ob diese neuen Technologien eine Chance für den Fortschritt darstellen oder eine Gefahr, müssen die Menschen alle gemeinsam bestimmen und nicht nur wenige Professoren. Die Afrikaner etwa müs-

sen selbst entscheiden, ob sie Teil der Weltwirtschaft werden wollen. Ich war nie in Afrika, aber ein Freund organisiert dort die Stromversorgung einiger Dörfer durch Sonnenenergie, und wie er meint, sind die Leute Feuer und Flamme für die neuen Technologien. Fortschritt bedeutet für sie Strom und damit erstmals die Möglichkeit, per Internet zu erfahren, was im Rest der Welt vor sich geht. Auch wenn man vermuten könnte, sie wären in der Isolation glücklicher.

Vor zwanzig Jahren haben Sie sich vergeblich dafür stark gemacht, das altehrwürdige Institute for Advanced Study in Princeton mit Sonnenkollektoren auszustatten.
Man hat nicht auf mich gehört – und das war auch ganz gut so. Sonnenenergie ist bei uns bisher nur ein Spielzeug für Reiche, eine liebenswürdige Art, seinen Swimmingpool zu heizen, wie das meine Tochter Emily tut. Den Afrikanern hilft das wenig, sie brauchen billigere Sonnenenergie. Und wie lange es noch dauern wird, bis sie die kriegen, das weiß ich leider auch nicht. Aber so ist das nun mal mit dem technischen Fortschritt, manchmal macht er regelrechte Sprünge, und dann wieder schleicht er nur unmerklich voran.

Wie wird die Menschheit endgültig Armut und Hunger besiegen?
Was die Fotovoltaik in der Wüste angeht, bin ich sehr optimistisch. An anderen Orten halte ich den Anbau biotechnisch veränderter Pflanzen für effektiver. Wie Sie sicherlich wissen, scheiterte das brasilianische Projekt, Treibstoff aus Zuckerrohr zu gewinnen, vor allem an der teuren und mühsamen Ernte. Man bräuchte da eine genetisch manipulierte Pflanze, die man gar nicht ernten müsste, weil sie den Alkohol direkt produziert. Ich denke, biologische Methoden werden den Preis der Nutzung von Sonnenenergie viel eher drücken, als es die Fotovoltaik vermag.

Sie unterscheiden zwischen grauer und grüner Wissenschaft. Bedeutet grau böse?
Nein, nein. Grüne Technologie ist in die Zukunft gerichtet, graue eher in die Vergangenheit. Aber wir brauchen beides – und es muss ein Gleichgewicht geben. Letztlich ist auch das Internet eine graue Technologie. Trotzdem ist es sehr wichtig für die Zukunft. Wir dürfen

uns nicht nur auf grüne Wissenschaften wie das Human-Genomprojekt konzentrieren. Das wäre Blödsinn. Allerdings hätte man ohne grüne Technologien nichts zu essen.

Sie haben Atomreaktoren für Krankenhäuser, aber auch billige Minensuchgeräte erfunden. Sind Sie eigentlich Erfinder oder theoretischer Physiker?
Weder, noch. Mein Handwerk besteht im Kritzeln mathematischer Gleichungen. Alles andere waren nur kurze Ausflüge von meinem Schreibtisch hier in Princeton.

Kritzeleien? Sie waren an der Formulierung der Quantenelektrodynamik beteiligt, einer der bedeutendsten physikalischen Theorien des zwanzigsten Jahrhunderts.
Im Grunde habe ich da nur die Ideen anderer mathematisch aufgeräumt und sie mit dem Rest der Physik in Übereinstimmung gebracht. Das war ein rein mathematischer Job.

Richard Feynman hätte ohne Sie vielleicht nicht den Nobelpreis bekommen.
Dick Feynman war einzigartig. Seine Ideen waren wunderbar, nur mathematisch etwas durcheinander. Anstatt Gleichungen aufzustellen, schrieb er lieber gleich die Lösung hin. Niemand außer ihm konnte sich vorstellen, dass das funktioniert. Aber so hat er schließlich die ganze Teilchenphysik revolutioniert. Heute zeichnen alle seine Bilder, die Feynman-Diagramme.

Es heißt, Sie hätten sich erst auf einer Autofahrt nach Albuquerque näher kennen gelernt, als Sie während eines Sturms in einem Bordell übernachten mussten.
Oh ja, aber ich habe gar nicht gemerkt, dass es kein gewöhnliches Hotel war. Dick hat mich später darauf aufmerksam gemacht.

Stanley Kubrick hat Sie bei den Dreharbeiten zu 2001: ›Odyssee im Weltraum‹ als Berater hinzugezogen. Durch welches Ihrer beiden Fenster wollte Kubrick blicken?
In diesem Fall wohl durch beide, obwohl der Film mit Wissenschaft letztlich nicht viel zu tun hat. Natürlich hätte Kubrick bestritten, ein religiöser Mensch zu sein. Dazu war er zu skeptisch. Grundsätzlich

bin ich das ja auch, nur dass Religion für mich eben kein Glaube ist, den ich anzweifeln könnte. Sie ist ein Lebensgefühl.

Sie haben sich Ihr ganzes Leben lang mit der Begrünung unserer Galaxie und anderen Zukunftsszenarien beschäftigt. Hoffen Sie nicht doch insgeheim, so einmal herausfinden zu können, ob es einen Gott gibt?
Nein. Religion hat nichts damit zu tun, wo im Universum man sich befindet.

Dennoch haben Sie die Frage aufgeworfen, ob das Universum auf uns gewartet hat.
Die Wissenschaft gibt uns Anlass, so zu denken. Die physikalischen Gesetze sind bemerkenswert lebensfreundlich. In vielen Details. Hätten die Naturkonstanten nur geringfügig andere Werte, wäre Leben nirgendwo denkbar. Das beeindruckt mich. Es sieht so aus, als ob die Möglichkeit des Lebens im Universum selbst angelegt sei.

Sie reden jetzt von der Quantenmechanik?
Nicht nur. Ich denke dabei auch an die gewöhnliche Chemie. Nehmen Sie das Wasser mit seinen seltsamen Eigenschaften. Ohne die würde die ganze Chemie nicht funktionieren. In diesem Sinn scheint es ebenso in der Quantenmechanik Verstand zu geben. Zumindest halte ich das für wahrscheinlich. Dort treffen individuelle Uranatome eine Art Entscheidung, ob sie am heutigen Tag zerfallen oder noch eine Milliarde Jahre damit warten wollen. Sie scheinen da freie Wahl zu haben, als würde Verstand auf der Ebene einzelner Atome operieren. Mir scheint es deshalb vernünftig, anzunehmen, dass Verstand im Universum auf allen drei Ebenen eingebaut ist, auf der untersten der Quantenmechanik, auf der mittleren des Lebens und auf der obersten Ebene des gesamten Universums, die Gott ist.

Das Universum hat also auf uns gewartet?
Ja, das hat es, aber mit »uns« meine ich nicht nur den Menschen. »Wir«, das bedeutet ganz generell Leben und Intelligenz.

Was ist Ihr kosmologisches Lieblingsmodell?
Unter Kosmologen trifft man häufig auf solche, die sich in ihre eigenen Modelle verliebt haben und sie schon deswegen für real halten. Ich habe keinen Favoriten. Wie gesagt, ich bin Skeptiker. Jedes Modell, sei es das der Paralleluniversen oder eines rotierenden Universums, sind letztlich nur Spielzeuge, die viel Spaß machen, die man aber nicht allzu ernst nehmen sollte. Mich faszinieren die einzelnen Objekte im Universum. Doch diese Leidenschaft bezeichnen andere als Schmetterlingesammeln.

Die kosmologischen Modelle lassen Sie außen vor, weil Sie sich bewusst sind, dass wir einfach noch viel zu wenig über die Welt wissen?
Genau. Wir fangen gerade erst an, einige Beweise zu sammeln. Vor allem mithilfe der kosmischen Hintergrundstrahlung. Ihre Erforschung wird diese Modelle eines nach dem anderen erledigen. Wir werden Schritt um Schritt lernen, wie das Universum zusammenpasst.

Das Institute for Advanced Study ist eine Hochburg von Superstring-Theoretikern. Verfolgen Sie die Arbeit Ihrer jüngeren Kollegen?
Die schreiben ihre Artikel schneller, als ich sie lesen kann. Ihre Arbeiten sind wunderschöne Mathematik, aber ob sie irgendetwas mit der Wirklichkeit zu tun haben, ist nicht so klar.

In der Wissenschaft gibt es Ihrer Meinung nach wie in der Religion keine objektive Wahrheit?
Ich mag das Wort Wahrheit nicht. Wissenschaft ist immer voller Ungewissheiten, das macht sie so spannend. Man bewegt sich am Rande dessen, was sich erforschen lässt. Wissenschaft ist ein Werkzeug, zwischen richtig und falsch zu entscheiden. Dabei ist das Falsche immer einfacher herauszufinden als das Richtige. Man kann hundertprozentig sagen, dass etwas falsch ist, aber nur neunzigprozentig, dass etwas richtig ist. So läuft das.

Sie sind gelernter Mathematiker und haben allgemein verständliche Bücher über den Ursprung des Lebens, Reisen in den Weltraum und die Zukunft geschrieben. Warum nie über die Mathematik?
Mathematik ist wie Musik. Man kann sie hören, aber darüber zu reden bringt nicht viel.

Paul Theroux
»Sie wissen, wie Tripper übertragen wird?«

Berlin, Wannsee, September 2000: Auf der Terrasse der Amerikanischen Akademie stehen nervöse Journalisten herum. »Touristen wissen nicht, wo sie gewesen sind, Reisende nicht, wo sie hinfahren«, hat Paul Theroux einmal geschrieben. Was er genauso gut weiß: Journalisten haben selten eine Ahnung, worüber sie schreiben. Der große Reiseschriftsteller, Jahrgang 1941, hat sich von seinem deutschen Verlag überreden lassen, sechs Interviews an einem Nachmittag zu geben – eine Prozedur, wie man sie sonst nur Hollywoodschauspielern zumutet. Normalerweise sind Gesprächstermine mit Theroux ein Ding der Unmöglichkeit. Zu viele dumme Fragen. Der Kollege vom Radio berichtet, dass der Misanthrop aus Hawaii schon viele Interviews einfach abgebrochen hat. Die dümmsten Fragen, die Medienleute an ihn gestellt haben, zitiert er genüsslich in seinen Büchern. Mit Nennung ihres Namens. Gelassen bleibt nur die junge Kollegin, die keines von seinen Büchern kennt. Doch der Meister scheint sich prächtig mit ihr zu unterhalten und überzieht großzügig die Stunde Zeit, die jedem heute zusteht. Und als die Assistentin des Magazinfotografen ausrutscht, ist der Starautor der Einzige, der auf die Idee kommt, ihr wieder auf die Beine zu helfen. Das Gespräch führte Lars Reichardt im September 2000.

Ihr englischer Kollege Redmond O'Hanlon meint, homosexuelle Reiseschriftsteller wie Bruce Chatwin hätten bevorzugt über trockene Gebiete und die Wüste geschrieben, während es heterosexuelle wie Sie eher in den feuchten Dschungel zieht.

Ich bin mir nicht sicher, ob er das ernst gemeint hat, Redmond ist ein Komödiant. Natürlich gibt es neben Chatwin viele Homosexuelle, die von der Wüste fasziniert waren – T.E. Lawrence und andere. Aber Chatwin ging es wahrscheinlich eher darum, wegzugehen als irgendwohin zu kommen, egal ob in die Wüste oder den Dschungel. Nein, Redmonds These ist lächerlich.

Chatwin hielt die Menschen für ruhelose Nomaden, die sich nur unterwegs richtig zu Hause fühlen können.
Sie dürfen nicht einfach alles glauben, was meine Kollegen sagen oder schreiben. Chatwin war gar nicht ruhelos, auch wenn er das behauptete. Er wollte nur sein Leben ständig neu erfinden. Er floh vor seinem Zuhause, vor seiner Frau, seinen Freunden, vor allem Bekannten. Er brauchte ständig neue aufregende Menschen um sich, die ihm zuhörten und ihn bewunderten. Dabei kannte ihn niemand richtig. Er führte ein Doppelleben. Selbst seiner Frau blieb er ein völliges Rätsel. Sie war sehr erstaunt, was sie in Nicholas Shakespeares Biografie über ihn las. Meinen Sie, das Buch wird sich bei Ihnen gut verkaufen?

Kaum. Reiseliteratur wird in Deutschland manchmal noch mit Reiseführern verwechselt.
Dabei ist das Buch gut und Chatwin wirklich berühmt, weil er so jung starb, mit achtundvierzig, glaube ich. Es ist ein Unglück, er war ein interessanter Mensch, voller großartiger Ideen.

Werden Sie unruhig, wenn Sie längere Zeit zu Hause geblieben sind?
Sicherlich, besonders wenn ich an einem Roman sitze und für ein Jahr an den Schreibtisch gefesselt bin. Das ist das Ärgerliche am Schreiben, es dauert so lange.

Bis Sie sich wieder in ein Abenteuer stürzen können?
Natürlich reizt mich das Abenteuer, aber nur, wenn es nicht besonders gefährlich ist. Ich reise lieber von A nach B und hoffe, dass alles glatt läuft. Abenteuer lassen sich ohnehin nicht planen. Leute, die Abenteuer suchen, gehen auf Elefantensafari, dabei ist so eine Reise natürlich alles andere als ein Abenteuer, sondern einfach Tourismus. Ich bin eher neugierig als abenteuerlustig.

Neugierig worauf?
Reisen ist eine Herausforderung, für die man sich immer wieder neue Fähigkeiten aneignen muss. Fremde Menschen zu treffen ist aufregend. Genau wie die eigene Anonymität unterwegs. Niemand kennt meine Familie, meinen sozialen Hintergrund. Das ist nützlich

für meine Selbsteinschätzung. Reisen hilft, sich selbst zu hinterfragen, zu erkennen, wer man ist, wohin man geht.

Reisen als Selbsterfahrung? Spielt das Ziel denn keine Rolle?
Doch, natürlich. Man muss sich in der Welt schließlich ein bisschen auskennen, damit es einem nicht ergeht wie dem Elefanten, der zum ersten Mal einen nackten Mann sieht und ihn fragt: Durch so einen winzigen Rüssel bekommst du Luft?

Sie haben an die vierzig Romane und Reisebücher geschrieben. War auch eine Witzesammlung dabei?
Ich kenne nur noch den vom Mann, der sich über seine Ehefrau beklagt: Immer wenn ich in die Spüle pinkle, steht noch Geschirr drin. Wissen Sie, ich wollte zum Beispiel schon lange auf die Philippinen. Ich war neugierig, warum so viele Menschen ihr Land verlassen. Ich habe Filipinos in Rom, Hongkong und London gesehen. Ich bin neugierig, wenn Menschen ihre Heimat verlassen. Vor allem, wenn es ein so schönes Land ist. Als ich vor kurzem da war, habe ich übrigens einen Deutschen im Dschungel getroffen. Er ist sechzig Jahre alt und hat eine Filipina geheiratet. Sie leben in einer Hütte und trinken den ganzen Tag Bier. Ein großartiges Leben.

Deutsche Touristen kommen in Ihren Büchern immer schlecht weg.
Alle Touristen sind ein Problem. Aber ich verstehe, warum Menschen Touristen werden. Sie tun mir sogar ein bisschen Leid, weil sie meist nur ein, zwei Wochen Zeit haben, in denen sie alles unterbringen müssen – Bier, Essen, Sonne, Meer. Und ich glaube, dass deutsche Touristen dazu neigen, bei der Bewältigung dieses Problems besonders methodisch vorzugehen. Sie beschlagnahmen die Liegestühle für sich und nehmen, was sie brauchen. Aber im Grunde sind Amerikaner genauso direkt, Engländer machen das versteckter. Australier sind wirklich schwierig und im ganzen Pazifikraum für ihren Geiz beim Trinkgeldgeben bekannt. Und sie reagieren sehr empfindlich auf Kritik. Deutsche können über sich selbst lachen, nicht wahr?

Ich habe sicherheitshalber meine besten Schuhe für Sie angezogen.
Oh, Sie sprechen von der Passage in meiner Biografie.

»Journalisten haben abgebissene Fingernägel, ausgeleierte Kassettenrekorder und Mitleid erregende Schuhe« heißt es da in ›Mein anderes Leben‹.
Journalisten tun mir wirklich Leid, der Job ist hart. Aber Sie dürfen meine Bücher nicht so ernst nehmen, vieles ist einfach Ironie und Satire. Und meine Biografie ist auch nur ein Roman. Aber selbst die Realität sieht nicht für jeden gleich aus. Das ist wie in der Malerei. Jeder malt ein anderes Bild von ein und demselben Tisch. Wir geben alle nur wieder, was wir sehen.

Wo haben Sie so viele furchtbare Journalisten gesehen, vor allem deutsche?
Die schlimmsten, schlechtesten und aufdringlichsten sind wirklich die Australier. Vielleicht auch die Amerikaner, ganz sicher aber die Australier. Mit ihnen habe ich nur schlechte Erfahrungen gemacht. Die haben geschrieben, ich sei verrückt, schwierig, erbarmungslos, stur, arrogant. Deshalb beschloss ich einmal, über jeden Journalisten, der mich auf meiner Ozeanienreise interviewte, selbst zu schreiben – das hielt ich für fair. Aber an deutsche Journalisten kann ich mich dabei gar nicht erinnern. Deutsche sind schon so oft böse karikiert worden. Mein Gott, es ist sicherlich hart, Deutscher zu sein. Und so leicht, Amerikaner zu sein.

Ein Reporter musste einmal sogar im schaukelnden Kajak an einer haiverseuchten Küste mit Ihnen herumpaddeln.
Das war auf Hawaii, mit einem Engländer, ja, aber er hat das etwas dramatisiert. Die Haie waren nicht so gefährlich, wie er meinte. Würden Sie als Hai einen englischen Reporter fressen? Aber ich habe wirklich nichts Besonderes gegen Journalisten. Ich bin doch selbst einer. Gerade habe ich über Robin Williams, den Hollywoodschauspieler, geschrieben. Im Grunde halte ich nur Gespräche über Literatur für Zeitverschwendung. Ein Schriftsteller schreibt, weil er schreiben muss. Ich rede viel lieber über Boote oder das Wetter.

Sie sind mit dem Kajak durch Ozeanien und Afrika gepaddelt, mit dem Zug durch China und Südamerika gefahren. Warum sind nur unbekannte Orte exotisch?
Es ist schwierig, an einen bekannten Ort zurückzukehren; für Sie wäre es auch schwierig, ein Buch über Deutschland zu schreiben.

Fremdsein hilft. Ich muss mich auf Reisen immer ein wenig unsicher fühlen. Deswegen reise ich am liebsten allein. Als ich mit Reiseliteratur anfing, wusste ich gar nicht, worauf ich mich einlasse. Ich dachte zuerst, man fährt irgendwohin, sammelt Erfahrungen und schreibt darüber. Dabei ist es viel komplizierter. Diesen Sommer bin ich mit meiner Frau wieder nach Patagonien gefahren, für zehn Tage. Als ich mein Patagonienbuch schrieb, dauerte allein die Anreise zwei Monate, mit dem Zug, dem Bus, zu Fuß. Für Erfahrungen braucht man Zeit, beim Reisen geht es mehr um Zeit als um den Ort. Mein Flug nach Patagonien war wie fernsehen, das Ganze kam mir überhaupt nicht wie eine Reise vor. Mit dem Flugzeug irgendwohin zu fliegen ist das Gegenteil von Reisen. Man sieht nicht genug. Einfachen Tourismus mag ich aus vielen Gründen nicht, vor allem, weil ich darüber nichts schreiben könnte, außer vielleicht eine Postkarte.

Muss Reisen ungemütlich sein?
Reisen besteht zu einem Großteil aus Leiden und Verspätung, ja. Über ein teures Hotel kann man nichts schreiben. Es geht einem gut, man ist glücklich. Über gute Zeiten kann man aber nicht schreiben. Wenn ich mich wohl fühlen möchte, bleibe ich zu Hause bei meiner Familie. Wissen Sie, wo man auf Reisen viel erfährt? In kleinen Pensionen, in denen der Vermieter abends sein Fotoalbum herausholt und Geschichten aus seinem Leben erzählt.

Wohin fahren Sie als Nächstes?
Ich würde gern wieder eine lange, lange Reise nach Afrika machen. Von Kapstadt nach Lesotho, Swasiland, Botswana, Simbabwe, Mosambik, Sambia, Tansania, Ruanda, Burundi, Kenia, Uganda, Sudan, obwohl die Einreise da für Amerikaner etwas schwierig sein könnte. Auch nach Äthiopien und Eritrea würde ich gern. Ich weiß allerdings noch nicht, ob ich wirklich fahre.

Haben Sie vielleicht Angst?
Gefährlich sind die Menschen, die in einem nur den Weißen sehen. In Afrika sind nicht das Wetter, nicht die Tiere, nicht die Krankheiten das Problem, es sind die Menschen. Hungrige Menschen, die

einen wegen einer Uhr umbringen, wütende Menschen, Kinder mit Waffen. Vor allem anderen braucht man sich nicht zu fürchten.

Nicht einmal vor Malaria?

Malaria bekommt man nicht unbedingt, solange man einfach früh am Abend isst und bei Einbruch der Dämmerung schlafen geht. Afrikaner laden einen oft zum Übernachten ein. Sie sollten dankend ablehnen und unbedingt ein Mückennetz benutzen. Ich habe ein nettes Zelt und auch diese Sprays, falls ich einmal bei Dunkelheit aufbrechen muss. Vor zwei Jahren bin ich wieder den Sambesi hinaufgefahren, mit meinem Klepper-Kajak aus Rosenheim. Ich habe auch viele Jahre in Afrika gelebt.

Und sind kaum krank geworden.

Natürlich war ich oft krank. Ich schreibe nur nicht so gern über Krankheiten, wenn sie nicht wirklich exotisch sind. Was mich tatsächlich fasziniert, ist das Gesundwerden. In Neuguinea hatte ich mal eine Infektion am Daumen. Es war ein großes Geschwür, und ich hatte keine Antibiotika dabei. Ich kochte die ganze Zeit Wasser ab und hielt meinen Daumen rein. Kleine Kinder kamen vorbei und haben sich wohl gefragt, was der Verrückte mit seinem Daumen anstellt. Nach einer Woche wurde ich gesund und konnte weiterpaddeln. Ich war richtig glücklich. Ich war stolz, die Situation allein gemeistert zu haben und nicht einfach umgekehrt zu sein. Jedes Gesundwerden nach einer Krankheit macht einen stärker. Probieren Sie das mal aus. Aber natürlich hatte ich alle denkbaren Krankheiten und Parasiten in Afrika oder Asien – Malaria, Denguefieber, Tripper. Sie wissen, wie Tripper übertragen wird? Darüber hat selbst Redmond noch nicht geschrieben.

Vielleicht, weil Sie O'Hanlon den Tipp gegeben haben, sicherheitshalber zwei Kondome auf einmal zu benutzen?

Das soll ich ihm geraten haben? Hat er das gesagt? Vielleicht vor seiner Afrikareise. In jedem Fall ist es ein guter Ratschlag, den ich ihm gern gegeben hätte. Sex in Afrika ist wirklich lebensgefährlich. Am besten trägt man dabei einen Taucheranzug mit Brille und Handschuhen. Redmond ist schon ein Spaßvogel, er macht sich gern über mich lustig.

Ich frage mich, warum ich ihn überhaupt mag. Ich bewundere ihn sogar. Er ist ein Reiseschriftsteller der alten Schule. Witzig, selbstgenügsam, er schreibt sehr gut. Dabei ist Schreiben ein Kampf für ihn. Das mag ich. Schreiben ist ein einsamer Beruf, und Schriftsteller zeigen ihre Zuneigung, indem sie sich gegenseitig auf den Arm nehmen. Vor allem Engländer haben noch Sinn für Humor. Ich habe gern dort gelebt. Niemand verdient in England viel Geld, deshalb gibt es keinen Neid untereinander. Wahrscheinlich habe ich deswegen größtenteils englische Freunde. In den USA ist das anders, Geld verleiht dort soziales Prestige.

Wie groß ist Ihr Prestige?
Wann immer ich in meinem Leben einmal Geld brauchte, hatte ich keins, und sobald ich es nicht benötigte, bot man es mir an. Schriftsteller sind nicht berühmt. Ruhm kann ein Leben ohnehin nur verunstalten.

Haben Sie Ihren Streit mit dem berühmten V. S. Naipaul inzwischen beigelegt?
Oh, wir hatten keinen Streit. Ich habe nur über unsere Freundschaft geschrieben, ihren Beginn, ihre Mitte, ihr Ende. Mein Buch ›Sir Vidias Schatten‹ war auch keine Attacke gegen ihn. Er hat es ja nicht einmal gelesen. Dabei würde es ihm sicher gefallen.

Auch die Passage, in der der Mann, der lang für den Literaturnobelpreis gehandelt wurde, Ihnen offensichtlich seine Frau anbietet?
Das habe ich nie geschrieben, es war etwas subtiler. Ich war vierundzwanzig, und seine Frau war, glaube ich, dreiunddreißig. Einem Vierundzwanzigjährigen kommt das ziemlich alt vor, nicht wahr?

Irrwitzig alt.
Allerdings erzählte er mir, er interessiere sich nicht mehr für Sex und habe ihn aufgegeben. Als ich mich danach erkundigte, was seine Frau davon halte, sagte er, er wisse es nicht, ihre Beziehung beschränke sich auf den Gutenachtkuss. Angeboten hat er mir seine Frau sicherlich nicht. Ich glaube, er wollte mich damals nur ein bisschen aufziehen und meine Reaktion auf seine Geschichte testen. Sie war übrigens gar nicht wahr.

Haben Sie sich mittlerweile ausgesprochen?

Nein, ich habe nur später erfahren, dass er schon damals zu Prostituierten ging und eine Freundin hatte. Naipaul ist ein sehr mysteriöser Schriftsteller, es war wirklich faszinierend, ihn kennen zu lernen. Ein komplizierter Mann, aber lange ein guter Freund, der mich zum Schreiben ermuntert hat. Über Naipaul würde ich nie ein schlechtes Wort verlieren – obwohl er extrem unsicher ist, lügt, geizig und herrisch ist, seine Vergangenheit verklärt, einige seiner Bücher unglaublich langweilig sind und er für andere Menschen totales Desinteresse zeigt. Aber das ist alles nichts, wofür man ihn hassen könnte. So sind wir doch alle, bis zu einem bestimmten Grad. Man kann ihn für unsympathisch oder grausam halten. Das war er ja auch. Nicht zu mir, seiner Frau gegenüber. Allerdings wollte ich mich in meinem Buch nicht über ihn lustig machen oder zeigen, was für ein Monster er ist, sondern wie sich eine Freundschaft unter bestimmten Bedingungen verändern kann. Und Sie kennen doch Vladimir Nabokovs Ansicht, was die schlimmsten Sünden eines Mannes sind? Stinken, betrügen, foltern – alles andere ist verzeihlich.

Ryszard Kapuściński
»Nach den Sorgen, die man mit nach Hause bringt, fragt keiner«

Geboren in Polen, aufgewachsen in der Sowjetunion, doch im Herzen ein Afrikaner – der polnische Kriegsreporter und Schriftsteller Ryszard Kapuściński, Jahrgang 1934, hat mehr von der Welt gesehen, als vielen anderen lieb wäre. Trotzdem hat er noch nicht genug, ist neugierig, liebenswürdig, reiselustig geblieben und scheut dabei keine Strapaze oder Gefahr – allein in Afrika stand er drei Mal kurz vor der Exekution. Warum das alles? Wofür? Seit den achtziger Jahren ist Kapuściński in Polen ein Held, in Deutschland ein viel beachteter Schriftsteller, in den USA ein Star, dem Hochglanzmagazine wie ›Vanity Fair‹ horrende Honorare in Aussicht stellen, wenn er nur endlich einmal exklusiv von seinen Reisen in die Armut, den Krieg, die Hoffnungslosigkeit berichten würde. Aber Ruhm und Geld interessieren Kapuściński tatsächlich nicht. Er bezahlt in einem Hamburger Hotelrestaurant lieber die Rechnung für Journalisten, die ihn gerade interviewt haben und, noch ganz beseelt von ihrer Begegnung, einfach zu zahlen vergaßen – »Nicht der Rede wert, wir sind doch alles Kollegen«. Oder er sucht in seinem Warschauer Haus eine halbe Stunde lang nach einem gültigen Straßenbahnfahrplan, damit sich der Bewunderer des Weltenbürgers auf dem Weg zurück ins Hotel nicht verirren möge. Ryszard Kapuściński denkt nun einmal bei jeder Gelegenheit an seine Mitmenschen; er schreibt und reist, ganz altmodisch, aus Liebe und Pflichtbewusstsein. Das Gespräch führte Lars Reichardt im Juli 2000.

»Ein guter Auslandskorrespondent braucht sieben Eigenschaften« haben Sie einmal geschrieben: »politisches Verständnis …«
Man sollte nur etwas nachdenken können.

»… eine starke Psyche, Fremdsprachenkenntnisse, Glück, Gesundheit …«
Oh ja, Gesundheit ist das Wichtigste für jemanden, der viel unterwegs ist.

Wann haben Sie Ihren letzten Malariaanfall gehabt?
Ach, irgendetwas habe ich immer. Aber es geht schon noch.

Nummer sechs auf Ihrer Liste ist Neugier.
Ich glaube wirklich, Gesundheit und Neugier sind das Wichtigste. Die meisten Menschen interessieren sich leider nicht dafür, wie es in der Welt aussieht. Ich habe einmal »Kreatives Schreiben« in Philadelphia unterrichtet; die Studenten, alles sehr intelligente Leute, kannten nicht einmal die andere Seite ihrer eigenen Stadt. So viel Desinteresse tötet die Reportage. Schriftsteller brauchen Neugier.

Seit fünfundvierzig Jahren sind Sie als Kriegsreporter, Auslandskorrespondent und Schriftsteller unterwegs. Findet Ihre Neugier nie ein Ende?
Das ist bei mir eine Frage des Naturells. Es gibt keine rationale Erklärung dafür, warum der eine neugierig ist und der andere nicht. Wie sollte man etwa das Phänomen Heinrich Barth erklären? Diesen Mann bewundere ich. Fünf Jahre ist dieser Deutsche, der Begründer der Reiseliteratur, im 19. Jahrhundert allein durch die Sahara gereist, buchstäblich mit nichts. Als er einmal dem Verdursten nahe war, schnitt er sich die Adern auf, um sein eigenes Blut zu trinken. Ich weiß, was Durst bedeutet: Durst ist hundert Mal schlimmer als Hunger. Das Verhalten eines so faszinierenden Menschen lässt sich nicht rational erklären.

Wie viele Sprachen sprechen Sie?
Sehr wenige, dafür habe ich kein Talent. Ich beherrsche ja nicht einmal meine Muttersprache richtig, ich muss ständig polnische Wörter im Lexikon nachschlagen.

Sie sprechen zumindest Russisch, Spanisch, Englisch, einige afrikanische Dialekte …
Nur das Nötigste, um mich zurechtzufinden. Auch ein bisschen Portugiesisch und Französisch sind dabei.

Und Japanisch und Chinesisch.
Nein, nein, Chinesisch nun wirklich nicht. Ich habe zwar angefangen, es zu lernen, merkte in China aber schnell, dass es völlig sinnlos war. Wer über China tatsächlich etwas herausfinden will, müsste sein ganzes Leben dort verbringen. Das wollte ich nicht. Die wichtigste Sprache ist ohnehin die Sprache der Augen. Ein Reporter

sollte einfach aufmerksamer sein können als andere Menschen. Ich denke so: Wahrscheinlich bin ich zum letzten Mal in meinem Leben an diesem Ort der Welt, treffe das letzte Mal auf diesen Menschen und muss mir deswegen so viel wie möglich von diesem Augenblick merken.

Ein Reporter, meinten Sie noch, müsse außerdem die Bereitschaft mitbringen, alles essen zu können.
Das ist wirklich eine große Herausforderung. Von hundert Reportern geben ihren Beruf sicherlich achtundneunzig allein wegen zweier Dinge auf: des Essens und des Schlafens. Wie oft musste ich in den Bergen, bei Kälte, ohne Decke im Regen die Nacht verbringen?! Das ist Folter. Man darf sich nicht in den Schlamm legen, kalter Regen prasselt auf einen nieder, die ganze Nacht – wer das schafft, weiß, was Reporter sein heißt. Schon eine Nacht in den Tropen mit Mücken ist die reinste Folter. Oder das schlechte Essen außerhalb Europas. Mit Ausnahme von Mexiko oder China vielleicht müssen die meisten Menschen schon über ein Chapatibrot oder eine Hand voll gekochten Mais froh sein – dreimal täglich, selbst wenn es nach nichts schmeckt. Aber Essen gehört zur Kultur, und man muss mitessen, um akzeptiert zu werden. Sogar wenn man dadurch krank wird. Es hilft alles nichts: Man muss mit den Menschen essen, von denen man etwas erfahren will.

Als Kriegsreporter haben Sie mehr als dreißig Bürgerkriege erlebt, drei Mal standen Sie kurz vor der Exekution – ist es das, was Sie mit Glück meinten?
Ich habe mein Leben lang Glück gehabt. Natürlich bin ich mir im Klaren darüber, dass immer etwas passieren könnte. Besonders in einem modernen anarchistischen Krieg ohne Fronten wie im Kaukasus. Das gehört zum Beruf, niemand zwingt mich dazu.

Vorsichtig waren Sie nie, warum begegnen Sie fremden Menschen nicht wenigstens misstrauisch?
Misstrauen würde doch erwidert werden. Jeder Mensch hat eine gute und eine schlechte Seite, man muss nur die richtige ansprechen. Auf Vertrauen reagieren Menschen überall gleich, ganz unabhängig

von ihrer Religion, ihrer Rasse, ihrer Nationalität. In aussichtslosen Situationen hat mir immer irgendein freundlicher Mensch weitergeholfen, sogar bei einer Autopanne in der Sahara tauchte plötzlich Hilfe auf. Man darf einfach niemals panisch reagieren. Irgendeinen glücklichen Zufall gibt es immer.

Lässt Sie Gefahr wirklich so kalt?
Im Augenblick der Gefahr hat man doch gar keine Zeit, sich darüber den Kopf zu zerbrechen. Aber wenn man schon einmal die Nähe des Todes verspürt hat, bezahlt man das mit Einsamkeit. Wer Flüchtlingsströme sieht, die man sonst nur aus dem Fernsehen kennt, versteht den Horror, vor dem sie fliehen, ihre Hoffnungslosigkeit, ihr Leiden. Mit dieser Erfahrung fühlt man sich nach der Rückkehr fremd unter satten, leeren Menschen und kann diese Fremdheit nur mit wenigen Freunden teilen. Denn nach den Sorgen, die man von solchen Orten mit nach Hause bringt, fragt keiner.

Weil sich niemand mehr für die Dritte Welt interessiert?
Schreiben heißt in einen konstanten Dialog mit Menschen treten, die nur eine sehr begrenzte Sicht der Dinge haben. Der so genannte Weiße interessiert sich wirklich nicht mehr für den Dialog mit der Dritten Welt. Heutzutage leben kaum noch Europäer in Afrika, weit weniger jedenfalls als zu Zeiten des Kolonialismus.

Trotz Massentourismus?
Touristen steigen im »Sheraton«-Hotel ab, den kleinen Inseln des Luxus, von der Realität abgeschottet. Nur sehr wenige wollen das afrikanische Leben überhaupt teilen und persönliche Erfahrungen sammeln. Das Drama ist, dass sich auch Afrikaner immer weniger für den Rest der Welt interessieren. Im Sudan oder Tschad fragen mich nicht einmal Studenten nach Polen. Sie haben den Stolz auf ihre Kultur, ihre Religion entdeckt; sie verlieren allmählich ihr Minderwertigkeitsgefühl, aber gleichzeitig auch ihr Interesse an Europa.

Dabei heißt es, die Globalisierung bringe die Menschen einander näher.
Schauen Sie, die Globalisierung ist ein sehr widersprüchliches Phänomen mit Kräften, die gegeneinander arbeiten. Ihre große Gefahr

liegt in dem Mythos, eine globalisierte Computergesellschaft könne alle Probleme der Armut und Ungleichheit lösen. Das ist utopischer Unsinn. So kann nur denken, wer sich nicht in der Welt auskennt. Alle Länder der Dritten Welt stehen unter einem enormen Druck, die Vorgaben der Weltbank zu akzeptieren und ihre Märkte zu öffnen. Aber was könnten peruanische Indianer auf dem amerikanischen Markt verkaufen? Ich war gerade in Ajacucho, dem Ort, in dem die Terrorgruppe Leuchtender Pfad gegründet worden ist. Nur wenige dort erhoffen sich von der Globalisierung Vorteile, etwa durch einen besseren Kulturaustausch und einen erleichterten Zugang zum Wissen. Die Mehrheit der Professoren von Ajacucho sieht in der Globalisierung nur eine neue, bequemere Form des Imperialismus. So wie der amerikanische Wissenschaftler Noam Chomsky, der die Konzentration von Kapital, die riesigen Medienverbände auch nur für eine Verlängerung des Kolonialismus hält. Die Globalisierung ist gefährlich, und der Welt geht es schlecht.

An den Fortschritt wollen Sie überhaupt nicht glauben?
Glauben macht das Leben reicher. Ich glaube grundsätzlich daran, dass es einmal besser werden könnte. Im Augenblick wird die Ungleichheit jedoch immer noch krasser, die Früchte des Fortschritts werden immer ungerechter verteilt. Dabei bietet die Globalisierung auch Chancen; der Westen könnte wertvolle Impulse aus anderen Kulturkreisen gewinnen.

Von der Dritten Welt lernen? Inwiefern?
Lateinamerika ist die einzige Gesellschaft der Welt, die das Problem des Nationalismus nicht kennt. Im ehemaligen Ostblock füllt der Nationalismus das ideologische Vakuum des Kommunismus. Selbst der Islam hat einen nationalistischen Kern. In Lateinamerika ist das nicht so.

Eines Ihrer bekanntesten Bücher, ›Fußballkrieg‹, schildert das Gemetzel zwischen Honduras und El Salvador im Anschluss an ein WM-Qualifikationsspiel 1969.
Lateinamerika kennt den Fußballnationalismus, das ist richtig, aber der dauert in der Regel nur zwei Stunden. Bis auf ganz wenige

Ausnahmen funktioniert die multikulturelle Gesellschaft in Süd- und Mittelamerika tatsächlich, mit unterschiedlichen Religionen, Sprachen und Rassen. Als ich Anfang dieses Jahres zum ersten Mal seit fünfundzwanzig Jahren wieder hinkam, wurde mir schnell klar, wie wertvoll dieses Phänomen für eine Welt der elektronischen Revolution, der globalen Firmenfusionen sein könnte. Lateinamerika ist ein viel versprechendes Beispiel, wie wir friedlich zusammenleben können.

Und Kolumbien?
In Kolumbien wird es den nächsten Krieg geben. Viele Korrespondenten sprechen von einem zweiten Vietnam für die Amerikaner, die gerade erst 1,5 Milliarden Dollar für den Kampf gegen den Drogenhandel zur Verfügung gestellt und Hubschrauber hinuntergebracht haben. Das Problem ist nur, dass die Drogenbarone mit der sehr starken Guerilla zusammenarbeiten. Aber es wird kein nationalistischer Krieg sein wie in Jugoslawien.

Warum sollte denn ausgerechnet Lateinamerika friedlicher sein?
Im Spanischen spricht man von Mestizaje. Ein Mestize ist ein indianisch-europäischer Mischling. In jeder anderen Kultur gälte ein Mestize als Bastard, in Südamerika ist man stolz auf seine indianische Herkunft. Die Mestizaje ist eine für fremde Einflüsse sehr offene Kultur. Dieses Phänomen ist faszinierend. Ich gehe jetzt für längere Zeit nach Südamerika, um darüber mein nächstes Buch zu schreiben. Ich denke ohnehin, dass sich die Reportage immer mehr der Anthropologie nähert, in Technik und Perspektive.

Anthropologen reden von dem Deutschen, dem Polen, dem Afrikaner – und leben von Verallgemeinerungen.
Die Anthropologie befindet sich wirklich noch in einer sehr schwierigen Situation, weil sie stark mit dem Kolonialismus verbunden war. Sie wurde als wissenschaftliches Begleitprogramm des Imperialismus missbraucht. Ich denke, ihre klassische Hauptaufgabe besteht im Sammeln von persönlichen Erfahrungen. So wie es ein Reporter tut, der in die Welt hinausgehen muss.

Selbst Sie schreiben, dass die Polen im Flugzeug meist die lautesten Passagiere sind.
Solche Verallgemeinerungen versuche ich zu vermeiden. Bei der Begegnung von Menschen zählen für mich nur zwei Kategorien: ob mein Gegenüber gut oder schlecht ist, dumm oder intelligent. Wenn man von dem Polen spricht, geht diese wichtige Unterscheidung verloren.

Sind Klischees denn immer falsch?
Das Problem des Klischees liegt ja nicht darin, dass es grundsätzlich nicht zutrifft. Es liegt in der Übertreibung einer einzelnen Erfahrung. Klischees sind Karikaturen, sie verhindern es, dass man zum Kern der Wahrheit gelangt.

Wie gelangt man Ihrer Meinung nach zur Wahrheit?
Die Wirklichkeit ist kubistisch. Ein ganzes Bild entsteht nur durch viele unterschiedliche Perspektiven. Jedes Ding hat viele Oberflächen. Klischees erfassen nur eine davon, eine Größe, eine Farbe. Was hat es für einen Sinn, von dem Brasilianer zu sprechen? Oder zu fragen, ob Brasilien ein reiches oder armes Land ist? Es kommt ganz darauf an, von welcher Region dieses riesigen Landes man gerade spricht, von welcher Stadt, welcher Straße und sogar von welchem Haus. Das Problem liegt wahrscheinlich in unserer begrenzten Vorstellungskraft. Viele hunderttausend Jahre lebten wir in einer kleinen Welt, die innerhalb von zehn, zwanzig Jahren zu einer Welt von Milliarden Menschen und Dingen geworden ist. Wir hängen nur noch an unseren alten Klischees, weil sie so bequem sind.

Als Schriftsteller haben Sie die Geburt der Dritten Welt seit den sechziger Jahren verfolgt. Was bedeutet Dritte Welt heute?
Ursprünglich zählte man zur Dritten Welt unterentwickelte Länder mit einer langen kolonialen Vergangenheit: in Asien, Afrika, Lateinamerika. Aber der Begriff lässt sich nicht mehr geografisch definieren. Heutzutage verläuft die Grenze oft innerhalb eines Landes. Die Dritte Welt ist überall, sogar in den USA. Fünfunddreißig Millionen Menschen leben dort unterhalb der Armutsgrenze. In Lima existiert San Isidro, ein Viertel wie Beverly Hills, gleich neben dem Barrio.

São Paulo kenne ich noch als kleine Stadt, inzwischen leben dort fünfzehn Millionen, und jedes reiche Stadtviertel hat seine eigenen Favelas, oft gleich hinter der Prachtstraße. Reichtum, das sieht man dort deutlich, ist nur gemeinsam mit Armut möglich.

Nach dem Sieg von Solidarność hat man Ihnen in Polen ein Regierungsamt angeboten. Warum lehnten Sie ab?
Das stand für mich überhaupt nicht zur Debatte, ich habe es nicht einmal erwogen. Es wäre die reinste Zeitverschwendung für mich, ich liebe meinen Beruf.

Ihre Bücher handeln von Gesprächen mit Dienstboten, Taxifahrern oder Prostituierten. Sind das verlässlichere Zeugen als Politiker?
Ganz so schlimm ist es auch wieder nicht. Ich bin zwar wirklich nicht so wild darauf, mich mit Politikern zu unterhalten, viel erfährt man ohnehin nicht von ihnen. Aber ich glaube, jeder Reporter sollte mit so vielen Menschen reden wie nur möglich. In Lateinamerika ist es für mich kein sprachliches Problem, mich mit einem Taxifahrer zu unterhalten. In Arabien könnte ich das nicht. Die besten Informanten und die ersten Anlaufstellen sind für mich an jedem Ort einheimische Kollegen. Aber das Wichtigste ist immer wieder das Reisen. Bolivien habe ich immer nur für ein Land der Berge und armen Indianer gehalten. Bei meiner letzten Reise entdeckte ich auf dem Weg nach Paraguay plötzlich Santa Cruz, einen tropischen Ort, wo es wie im Kongo aussieht, so wie in Conrads ›Herz der Finsternis‹. Dreißig Jahre habe ich für diese Entdeckung gebraucht. Selbst über Orte, die man gut zu kennen glaubt, findet man ständig etwas Neues heraus.

Sie sind jetzt achtundsechzig Jahre alt. Haben Sie nie daran gedacht, mit dem strapaziösen Reisen aufzuhören?
Natürlich, immer wieder. Reisen ist so anstrengend, eine große Bürde, aber es ist mir unmöglich, damit aufzuhören. Reisen ist die Voraussetzung zum Schreiben. Die Welt verändert sich so stark, dass Erfahrungen schnell veralten. Und wissen Sie, als junger Mensch findet man nur neue Orte interessant. Im Alter zieht es einen dann eher an die Plätze, die man schon zu kennen glaubt. So kehrt man in gewisser Weise auch immer wieder nach Hause zurück.

Was ist der schönste Ort, den Sie kennen?
Es gibt so viele. Aber Ruanda ist eine wunderbare Berglandschaft, eine Schweiz im Dschungel.

Können Sie das überhaupt noch genießen, trotz Krieg und Elend?
Man muss. Bei einem Bananenbier vergesse ich auch die Arbeit.

Garri Kasparow
»Irgendetwas läuft da schief«

Schachspieler der Extraklasse benötigen ein ausgezeichnetes Gedächtnis. Das von Garri Kasparow, seit 1985 fast ohne Unterbrechung die Nummer eins im Schach, arbeitet besonders schnell. Als er in Zürich simultan gegen sechs der besten Schweizer spielen wollte, genügte es ihm, zur Vorbereitung jeweils nur ein paar Dutzend Partien seiner Gegner durchzugehen. Im Sekundentakt ließ er sich von einem Computer die Züge vorspielen und hatte innerhalb einiger Stunden alle Partien gespeichert. Nach seinem 5,5 : 0,5-Sieg wurde das Match besprochen. Die Verblüffung war groß, als sich herausstellte, dass Kasparow nicht nur alle Partien detailliert im Kopf hatte; auf kleinen Zetteln hatte er darüber hinaus von jedem seiner Schweizer Gegner auch gewisse Charaktereigenschaften notiert, die er aus den Partien herausgelesen hatte. Mit diesem Wissen wird ein Kampf auf dem Schachbrett zu einem Kampf zweier Charaktere. Garri Kasparow sucht dabei immer die Initiative. Auch im Leben. Als Sohn eines jüdischen Vaters und einer armenischen Mutter 1963 in Baku geboren, engagierte er sich in der russischen Politik. Und 1993 setzte er der Lethargie des Weltschachbundes Fide die Gründung eines eigenen WM-Zyklus entgegen. Seitdem kämpft Kasparow unentwegt für die Professionalisierung und Medienwirksamkeit des Schachsports. Er träumt von Tenniseinschaltquoten, experimentiert mit neuen Regeln, gründete in Tel Aviv eine Schachuniversität, betreibt im Internet eine Webseite und tritt gegen Computer an, um die Einzigartigkeit des menschlichen Geistes unter Beweis zu stellen. Den Kampf gegen die Rechenkraft eines IBM-Computers hat er verloren. Auch die Schachwelt ist noch lange nicht so weit, wie Kasparow es gern hätte, selbst wenn das einstige Wunderkind aus Aserbaidschan am Zug ist. Das Gespräch führten André Behr und Lars Reichardt im Dezember 1998 in Zürich.

»Jede Schachpartie offenbart den Charakter ihrer Spieler« haben Sie einmal gesagt. Ist Schach eine Schule fürs Leben?
Vor zwanzig Jahren war das noch so. Heute ist Schach computerisiert, menschliche Eigenheiten zeigen sich weniger deutlich. Aber

zwischen mir und Karpow etwa ist der Unterschied immer noch klar. Karpow spielt ruhig, er hat Freude an kleinen Vorteilen, Materialopfer mag er nicht. Ich spiele impulsiv, aber mit viel Kreativität und Energie. Und so, wie wir uns in den kritischen Phasen eines Spiels entscheiden, verhalten wir uns auch im Leben.

Gegen Anatoli Karpow, Ihren Erzrivalen, haben Sie allerdings bewiesen, dass auch Sie verhalten, abwartend spielen können.
Richtig. Auf unserem Niveau muss man beides beherrschen. Dennoch gibt es Vorlieben, und die sind Charaktersache. Ob man sein Spiel mit mehr oder weniger Kontrolle aufzuziehen versucht, hängt letztlich davon ab, wie man sich dem Leben stellt.

Schach, sagten Sie auch, sei der Versuch, das Chaos zu beherrschen. Eine sehr zeitgemäße Formulierung.
Jedes Spiel beginnt mit dem Chaos. Der Wille ist gefordert, dieses Chaos zu kontrollieren.

Weltweit spielen Millionen Menschen, und dennoch genießt Schach kaum mehr öffentliche Aufmerksamkeit als rhythmische Sportgymnastik. Ist die undurchsichtige Schachpolitik daran schuld?
Schach macht keine internationalen Schlagzeilen. Dabei kennen und verfolgen das Spiel mehr Menschen als bei fünfzig dieser kleineren Sportarten zusammen. In den siebziger und achtziger Jahren versäumten es Spieler und Funktionäre, das Schach mehr ins Rampenlicht zu stellen. Sie weigerten sich, hart dafür zu arbeiten und ihr Spiel etwa im Fernsehen zu promoten. Ich bin an der Misere nicht ganz unschuldig, schließlich bin ich seit 1985 Weltmeister. Ich habe versucht, Schach professioneller zu gestalten, aber wahrscheinlich waren meine Bemühungen nicht ausreichend. Man verharrte lieber in der Isolation, hoffte auf ein Wunder, auf einen Zauberer. Der große Zauberer trat dann 1995 in Person des Herrn Iljumschinow auf die Bühne und sprach: »Da bin ich, kommt, Jungs! Von nun an werdet ihr Preisgelder wie im Tennis verdienen. Ich kann euch helfen, ich habe Geld.« Seine Wahl zum Schachpräsidenten wurde durch Frustration, Konfusion und Überheblichkeit möglich gemacht. Niemand wollte weiter hart arbeiten, jeder wollte die Bananen gleich am nächsten Tag pflücken.

»Schach ist Krieg« heißt es seit Bobby Fischer. Hat das Spiel jetzt tatsächlich ein Leben gekostet?
Schach ist ein Spiel, bei dem es um Herrschaft und Unterwerfung geht, deswegen dürfen Sie ruhig von Krieg sprechen, und das ohne Übertreibung. Immerhin geht es darum, einen anderen Menschen zu demütigen. Auf einer niedrigeren Leistungsstufe kann man sich bei diesem Spiel vielleicht vergnügen, wir Profis können das kaum noch. Das Unglück, das Sie ansprechen, fand vor einiger Zeit weitab vom Schachbrett statt. Dieser Mord hat weniger mit der Natur dieses Spiels zu tun als vielmehr mit dem Geist einiger Menschen, die sich augenblicklich mit Schach beschäftigen.

Die Journalistin Larissa Judina wurde ermordet, als sie anscheinend unlautere Geschäftspraktiken im Umfeld von Kirsan Iljumschinow recherchierte, dem Präsidenten Kalmückiens und des Weltschachverbands Fide. Was, glauben Sie, ist geschehen?
Ich glaube, Frau Judina ging zu weit. Die Macht des Herrn Iljumschinow gründet auf seinem Geschick, von russischen Offiziellen Waren zu kaufen. Er machte aus der südrussischen Republik Kalmückien eine steuerfreie Zone, in die sich russische Firmen absetzen konnten, um dem Finanzamt zu entgehen.

Nach dem Mord wurden zwei Personen festgenommen, darunter ein früherer Mitarbeiter Kirsan Iljumschinows. Der russische Innenminister sprach von deutlichen Hinweisen auf einen Auftragsmord. Trotzdem ist der kalmückische Schachpräsident immer noch in seinen beiden Ämtern.
Es wäre nicht fair, in Iljumschinow einen dämonischen Verschwörer zu sehen. Ich würde ihn nicht einmal als einen durchweg üblen Kerl bezeichnen. Er ist einfach ein Teil des politischen Systems in Russland, und in seiner Person spiegelt sich nur, wie dieses System funktioniert. Auch in den großen Städten der Welt verschwinden Menschen und Geld, und es ist gar nicht so schwierig, ihre Spur zu verfolgen. Da sollte es in Kalmückien ein Leichtes sein, diesen Mord aufzuklären. Kalmückien ist eine kleine Republik. Es gibt nur eine oppositionelle Zeitung mit einer neugierigen Journalistin, und diese eine Person wurde umgebracht. Sie fragen nach einer Verbindung zu Herrn Iljumschinow; vielleicht gibt es die, vielleicht aber auch

nicht. Die Untersuchung wird wohl im Sand verlaufen. Man wird zu dem Schluss kommen, dass Judinas Tod lediglich ein Unfall war, dass sie sich auf ihrer Suche nach Beweisen zu weit vorgewagt hatte und von irgendwelchen Kriminellen umgebracht wurde, von denen sie sich Informationen erhofft hatte.

Kann der Schachpräsident einfach abwarten, bis Gras über die Sache gewachsen ist?
Ich glaube nicht, dass er in große Schwierigkeiten geraten wird. Iljumschinow unterhält ausgezeichnete Verbindungen zu Moskaus Oberbürgermeister Jurij Luschkow, einem chancenreichen Kandidaten für die russische Präsidentschaft. Aber er ist ein Fähnchen im Wind. Er hat zwar genug Geld, um Schach noch eine Weile zu unterstützen, aber ich glaube nicht, dass er allein über sein Geld verfügt. Iljumschinow dürfte zu einer Gruppe von Leuten gehören, bei der ab einem gewissen Punkt nur das Geschäft zählt. Und wenn die das Geld brauchen, um ihre Interessen in Russland zu schützen, würde ich mich wundern, wenn er den internationalen Schachsport weiterhin sponserte.

Der große Zauberer wurde im Herbst sogar als Fide-Präsident bestätigt. Vergisst man im Schach Gerüchte so schnell?
Wie hätte es anders sein sollen? Iljumschinow steckt Geld in den Weltschachverband Fide, und der verhält sich wie ein Drogensüchtiger. Nicht süchtig nach Heroin, sondern nach Geld.

Haben die Spieler vielleicht Angst vor ihrem eigenen Präsidenten?
Nein, wie gesagt, er bezahlt sie. Vor seiner Wiederwahl sicherte er sich die allgemeine Bewunderung mit Gratiswodka. Auch die westlichen Delegierten und Spieler waren über seine Gastfreundschaft und die Unmengen von Kaviar und Wodka erstaunt. Es fällt sehr schwer, einzugestehen, aber tatsächlich waren alle sehr zufrieden und haben Iljumschinow für die großartige Ausrichtung der Schacholympiade in Kalmückien gelobt.

Wie kam er zu seinem Vermögen?
Ich nenne keine Namen, denn ich kenne die Wege dieses Geldes nicht persönlich. Herr Iljumschinow ist äußerst smart und nutzte

seine Möglichkeiten nach der Demokratisierung Russlands. Mit all der Arroganz und Entschlossenheit, zu der er fähig ist, organisierte er die Geldmaschine Kalmückien. Die Hauptquelle seines Reichtums scheinen jedenfalls Steuerbefreiungen für russische Firmen zu sein.

Angeblich zählt auch Saddam Hussein zu seinen Freunden.
Vermutlich trugen diese Kontakte zu seinem Reichtum bei. Am Rande Russlands kann man unkontrolliert handeln, ohne irgendwelche Eingriffe aus der Hauptstadt zu befürchten. Iljumschinow war immer sehr stolz auf seine Freundschaft zu Saddam Hussein. Vor ein paar Jahren wollte er sogar ein WM-Match von Karpow in Bagdad durchführen, und in seiner Residenz hängt ein großes Porträt von Saddam. Die beiden denken ja auch gleich. Ich vermute, dass Iljumschinow sogar eine maßgebliche Rolle bei den Vermittlungsversuchen der russischen Regierung spielt. Es ist zum Verrücktwerden: Die russische Regierung müsste doch die Interessen unserer Bevölkerung und nicht die der irakischen vertreten. Stattdessen streitet sich Russland mit anderen Ländern, um Saddam zu retten. Entweder ist das reine Ideologie, oder dahinter steckt ein geheimer Plan. Ich verstehe das nicht.

Wann haben Sie den Schachpräsidenten kennen gelernt?
Anfang 1991 kam er zu mir, weil er ein Vorwort für sein Schachbuch wollte. Ein Buch ist ein Buch, sagte ich mir, und machte das. Später kaufte er mir die Krone mit Juwelen ab, die ich in Lyon nach dem WM-Sieg über Karpow gewonnen hatte. Warum auch nicht? Er hatte damals noch eine Bank als Partner, und den Erlös, fast eine halbe Million Mark, spendete ich fünfhundert armenischen Familien. Unsere Wege kreuzten sich noch einmal, als er in Elista, der Hauptstadt Kalmückiens, die russische Meisterschaft mit dem sagenhaften Preisgeld von 100 000 Dollar veranstaltete. 1994 kam einem das wie eine Zeitreise in die siebziger Jahre vor – auf dem Hauptplatz stand immer noch eine Lenin-Statue, und der Präsident, den man überall auf Plakaten sehen konnte, schritt in der ersten Reihe einer großen Parade. Aber die Spieler waren glücklich. Iljumschinow nahm mich sogar auf die Jagd mit. Ich blieb nur zwei Tage in Elista. Das war mein einziger Besuch in Kalmückien. Ein Mal ist auch genug.

Sie haben in der Steppe Kalmückiens gejagt? Was denn?
Vögel. Aber wir sind vor allem Moskitos begegnet. Herr Iljumschinow wollte uns zeigen, was er in dieser Steppe alles zustande bringt. Dieses Land besteht aus Hunderten von Quadratkilometern Leere. Als er später bekannt gab, in Kalmückien auch noch die Schacholympiade veranstalten zu wollen, musste ich lachen. Und als er mich 1995 anrief, um mir mitzuteilen, dass er Fide-Präsident werden wolle, fragte ich ihn nur: »Spinnst du? Das ist eine sehr schlechte Idee.«

Iljumschinow will sich jetzt sogar für die russische Präsidentschaft bewerben.
Angriff ist die beste Verteidigung; er macht diesen Schritt nur, um politische Vorwürfe abzuwehren. Ich glaube nicht, dass er ernsthafte Absichten hat. Bei der Wahl wird er wohl eher Luschkow unterstützen. Kalmückien ist eine kleine Republik in Russland, aber Iljumschinow kann viele Stimmen mobilisieren, 1996 waren es hundertsiebzigtausend für Jelzin. Das ist für jeden Kandidaten ganz nett. Außerdem wollte Herr Iljumschinow auch schon Präsident des Fußballverbandes werden, in Russland ist das ein sehr bedeutendes Amt mit großem politischem Einfluss.

Wen halten Sie für den geeigneten Nachfolger Boris Jelzins?
Einen optimalen Bewerber gibt es nicht, höchstens einen, der das geringste Übel bedeutet. Wenn man sich die augenblicklichen Kandidaten anschaut, glaube ich, wäre General Lebed immer noch die beste Wahl. Grundsätzlich trennt mich vieles von seiner Politik, aber – auch wenn sich das bei einem General merkwürdig anhören mag – er besitzt von allen Kandidaten noch den größten Respekt vor der westlichen Demokratie und der Verfassung. Unglücklicherweise glaubt man in der russischen Politik sonst nicht an das Gesetz. Doch die Macht des Präsidenten muss durch die Verfassung begrenzt werden, sonst schlittern wir in das totale Chaos – mit Moskauer Verhältnissen im ganzen Land.

Werden Sie Alexander Lebed bei den Wahlen unterstützen?
Kaum. 1996 hatte ich keine Wahl; ich unterstützte Jelzin, um die Kommunisten zu stoppen. Heute schäme ich mich, wenn ich die Misere

des russischen Volks im Fernsehen sehe. Wenn ich an das ganze Geld denke, das gestohlen wurde, fühle ich mich schlecht bei dem Gedanken an das, was ich damals den Leuten im roten Gürtel Russlands, in Uljanowsk und Kursk, geraten habe. Dieses Mal will ich keine Verantwortung übernehmen, denn wenn ich etwas tue, muss ich sicher sein, dass meine Worte nicht schon von den ersten Amtshandlungen des neuen Präsidenten widerlegt werden. Doch falls die Wahl überhaupt stattfindet, werde ich meine Stimme wahrscheinlich Lebed geben.

Nach fünf Jahren getrennter WM-Kämpfe und zwei Titelträgern bemüht sich nun ein belgischer Manager um eine Wiedervereinigung der beiden getrennten Schachverbände. Nehmen Sie sein Angebot ernst?
Wenn jemand so ein Ereignis überhaupt organisieren kann, dann Bessel Kok. Er verfügt über die richtigen Kontakte und glaubt ehrlich daran, dass dieser Schritt zwingend notwendig ist.

Findet das Endspiel Ihres eigenen Verbandes, den Sie aus Protest gegen die Fide gegründet haben, überhaupt noch statt?
Es wollte ja niemand Geld für dieses Match bezahlen, zumindest nicht so viel, wie sich mein Endspielgegner erhofft hatte. Ich hatte einen Sponsor in Kalifornien in Aussicht, aber Alexei Schirow dachte, dass sein Match gegen Kasparow mehr wert sein müsse. Das Problem besteht wohl darin, dass die Schachwelt, die Organisatoren und das breite Publikum Schirow nicht als legitimen WM-Herausforderer akzeptieren, weil der Inder Viswanathan Anand sich geweigert hatte, in der Vorrunde mitzuspielen.

Warum können Sie sich nicht persönlich mit Karpow, dem aktuellen Titelträger des Fide-Verbandes, über eine Wiedervereinigung verständigen?
Ganz einfach: Als ich 1996 mit Karpow kurz vor einer Einigung stand, lag der Wert dieses Matchs meiner Meinung nach bei eineinhalb bis zwei Millionen Dollar. Herr Karpow meinte allerdings, ich würde die Preise herunterreden. Er hatte die Illusion, so ein Match sei drei, vier Millionen Dollar wert. Aber sehen Sie sich seine Turnierresultate an! Wenn man schlecht spielt, geht der Preis eben runter – diese Botschaft konnte Karpow nicht verstehen.

Viele Schachfreunde hoffen dennoch auf ein sechstes WM-Duell Kasparow gegen Karpow.
Ich weiß, ich weiß. Die Leute lesen eben Zeitung, und die Journalisten titulieren Anatoli Karpow oft noch als Weltmeister. Karpow ist ein großer Schwindel, den die Presse erfunden hat. Er war ein großartiger Spieler, einer der größten der Geschichte überhaupt, aber heute, Entschuldigung, ist er nirgendwo. Es ist einfach lächerlich, wenn wir wieder durch Spekulationen in den Medien unter Druck geraten sollten. Die Leute meinen immer noch, Karpows Resultate seien in Ordnung. Dabei hat er seit Jahren kein wichtiges Turnier gewonnen. Falls jemand für so ein Match zwischen uns tatsächlich sehr viel Geld lockermachen würde, könnte ich es mir vielleicht noch einmal überlegen.

Eine Wiedervereinigung der beiden Verbände würde die Schachwelt glücklich machen und endlich die Verwirrung in der Öffentlichkeit beseitigen.
Vielleicht, habe ich gesagt, vielleicht. Obwohl ich das immer noch für eine Beleidigung des WM-Titels halte, denn Karpow ist nicht als Finalist qualifiziert. Meine Legitimität als Weltmeister gründet darauf, dass ich in jedem Finale gegen den jeweils stärksten Herausforderer gekämpft habe. 1993 war es Short, der in der WM-Ausscheidung alle anderen, Karpow inklusive, geschlagen hatte, 1995 war es Anand.

Wen sehen Sie heute als Ihren stärksten Konkurrenten?
Wahrscheinlich ist es Anand.

Der Inder verlor die letzte WM gegen Sie vor allem, weil er nervös wurde. Ist Psychologie im Spiel wirklich so wichtig?
Ja, sie ist sehr wichtig. Auf dem Toplevel, wo die Spieler annähernd gleich stark sind, muss man sich bei einer Partie wohl fühlen können. Kramnik spielt besser als Schirow und verlor trotzdem gegen ihn. Schirow hat schreckliche Ergebnisse gegen mich erzielt. Und mit Kramnik wiederum habe ich einen ausgeglichenen Punktestand. Irgendetwas läuft da schief. Die Rolle der Psychologie im Schach ist schwierig zu benennen, aber irgendwie treffen zwei unterschiedliche Energien aufeinander, und schon das leichteste Unbehagen, das man verspürt, kann spielentscheidend sein.

Gegen Karpow, sagten Sie, haben Sie so oft gespielt, dass Sie seine Gedanken lesen könnten.
In fünf Jahren haben wir hundertfünfzig Partien gespielt, da lernt man sich kennen.

Es hat nicht dazu geführt, dass Sie ihn mögen.
Ich schätze Herrn Karpows Charakter nicht. Aber ich bin nicht der Richtige, um seine Persönlichkeit zu beurteilen, wir sind Rivalen im Schach. Eine Sache missfällt mir ganz außerordentlich an ihm: Ich mag weder Kommunisten noch Faschisten. Das ist der wirklich große Graben zwischen Karpow und mir.

Dein größter Feind ist dein bester Freund – glauben Sie an dieses Sprichwort?
Wenn Sie das Wort Freund durch Gehilfen ersetzen, könnte ich zustimmen.

Was verdanken Sie Ihrem Gehilfen Karpow?
Unsere WM-Partien waren der bedeutendste Beitrag zur Geschichte des Schachs. In jenen drei Jahren zwischen 1984 und 1987 hat sich die Schachwelt stärker verändert als in den fünfzig Jahren zuvor. Schach ist seit meinen Begegnungen mit Karpow ein anderes Spiel. Die Eröffnungstheorie wurde Mitte der achtziger Jahre weit vorangetrieben, und die Quantität des Wissens schlug auf einmal in Qualität um. Das hat eine ganze Schachgeneration stark geprägt. Heute sind alle Topspieler unter dreißig. Außer mir – und manchmal noch Anatoli Karpow.

Karpow ist inzwischen siebenundvierzig Jahre alt – vor drei Jahren konnte er noch genügend Konzentration aufbringen, um ausgezeichnete Resultate zu erzielen.
Okay, da machte er seine Sache gut. Aber seine Generation ist out. Im Grunde genommen ist ja schon meine Generation out.

Sie werden selbst erst sechsunddreißig. Ist hervorragendes Schach tatsächlich eine Frage des Alters – und nicht vielmehr des Talents, der Erfahrung und des Spielstils?
Die Kombination macht es aus. Vor zwanzig Jahren hatten vierzigjährige Spieler sogar noch als WM-Kandidaten eine Chance. Das ist vorbei. Heute ist man in diesem Alter ein Dinosaurier. Ich spielte in Moskau ein Blitzturnier gegen Kramnik, und Karpow wollte vom Veranstalter eine Karte für die erste Reihe im Publikum. Das ist der Ort, an den er eigentlich auch gehört.

Wie stark war Karpow im Vergleich zu anderen Weltmeistern?
Diese Frage mag ich überhaupt nicht. Ein echter Vergleich findet nur am Schachbrett statt – was hat es da für einen Sinn, zu fragen, ob Karpow oder Fischer stärker war? Sie haben nie gegeneinander gespielt! Jeder Weltmeister spielte in einem anderen Umfeld mit einem völlig unterschiedlichen Kenntnisstand. Heute weiß noch der schwächste Großmeister zehnmal mehr als Fischer 1972 und könnte den damaligen Weltmeister in große Schwierigkeiten bringen. Man darf höchstens das Talent vergleichen. Ich habe alle Weltmeister studiert, und aus dieser Perspektive betrachtet, wird Lasker immer noch weit unterschätzt. Aber er musste nur etwa alle zwei Jahre ein Turnier spielen. Wer heute im Schach seine Ideen nicht jeden Tag auf Vordermann bringt oder einen Monat lang nicht arbeitet, fällt sofort weit zurück.

Fischer war zwei Jahre Weltmeister, Karpow immerhin zehn, Sie sind es seit 1985.
Karpow war in diesen zehn Jahren nicht immer klar überlegen. Ich kam schon in den späten Siebzigern nach vorn. Ja, seit dreizehn Jahren bin ich die Nummer eins der Weltrangliste, und CNN glaubt immer noch, dass die sechs Jahre von Pete Sampras einen Rekord im Sport darstellen. Aber ich bin der Falsche, um für mich selbst Werbung zu machen. Ich glaube, die größte Lücke zwischen mir und den anderen Spielern klaffte Ende der achtziger Jahre. Jetzt ist das Feld an der Spitze recht ausgeglichen. Ich, Anand, Kramnik.

Karpow beendet, Ihrer Meinung nach, seine Karriere zu spät. War es bei Gata Kamsky mit Anfang zwanzig nicht viel zu früh?
Gata und vor allem sein Vater hatten ein sehr, sehr eng gestecktes Ziel: Gata sollte Weltmeister werden, dafür taten sie alles, und jedes Mittel schien ihnen recht. Nach dem letzten Match gegen Karpow musste der Vater erkennen, dass sein Sohn niemals eine Chance haben würde. Karpow war schlecht vorbereitet und schon jenseits seines Zenits – er gewann dennoch. Wie sollte Gata da gegen mich eine Chance haben? Es hatte keinen Sinn für ihn, weiterzumachen. Das muss man respektieren. Wer nicht gewinnen kann, ist draußen.

In anderen Sportarten gibt man in diesem Alter als Nummer vier der Weltrangliste nicht so schnell auf und beginnt stattdessen, wie Gata, ein Medizinstudium. Was machen Sie, wenn Sie einmal als Weltmeister abgelöst werden?
Keine Ahnung, das habe ich noch nicht entschieden. Ich glaube nicht, dass ich jemals fähig sein werde, Schach ganz aufzugeben. So viele Dinge, die mir viel Freude machen, sind noch zu tun. Ich investiere jetzt schon viel Zeit in meine Schachakademie in Tel Aviv. Ich könnte mich für eine weltweit stärkere Schachausbildung engagieren. Und das Internet eröffnet viele Möglichkeiten. Ich habe eine neue Schachuhr erfunden und analysiere die verschiedensten Stellungen, um immer näher zur Wahrheit zu gelangen. Gerade habe ich meine Partie gegen Kortschnoi 1982 in Luzern mit dem PC noch einmal durchgearbeitet. Die Maschine lachte mich einfach aus, als ich Kortschnoi mit zwei Figuren weniger angriff.

Können Sie dann nachvollziehen, warum Karpow nicht abtritt?
Ich verstehe das. Es ist hart, aufzugeben. Kortschnoi ist noch mal zwanzig Jahre älter als Karpow und hört nicht auf. Aber Kortschnoi arbeitet immer noch viel, er besitzt offensichtlich noch genügend Energie.

Vielleicht auch einfach Freude am Spiel?
Oh ja, er hat sehr viel Spaß daran und will immer Neues entdecken. Aber Karpow arbeitet nicht, und es fehlt ihm an Ideen. Ich kann mir nicht vorstellen, dass ihm sein Schach noch viel Freude bereitet. Er muss spielen, weil er Geld braucht.

Karpow hat ein kostspieliges Hobby, er ist begeisterter Briefmarkensammler.
Wissen Sie, Karpow ist ein Mensch, der immer nur mithilfe einer Organisation an die Spitze kommen konnte. Erst wurde er vom Zentralkomitee der kommunistischen Partei gehegt und gepäppelt; er war der Darling, der gegen den Dissidenten Kortschnoi kämpfte, dann gegen mich. Und er genoss immer die volle Unterstützung der Fide. Zwischen 1975 und 1998 hat die Fide sieben Mal ihre Satzung verändert, und alle Änderungen waren zum Vorteil einer einzigen Person: Karpow. Dieser Mann ist wirklich eine einzigartige Erscheinung. Ich mache alles allein. Karpow würde ohne seine Organisation, ohne diesen Fide-Titel in ernsthaften Schwierigkeiten stecken.

Kennen Sie etwas so Profanes wie Hobbys abseits des Schachs?
Ich habe einen Sohn, mit dem ich zu Hause in Moskau viel Freude habe. Ich lese viel, schreibe manchmal für das ›Wall Street Journal‹, arbeite gerade an einigen historisch-philosophischen Modellen für einen Freund. In diesem Bereich kann ich meine schachanalytischen Fähigkeiten am besten einsetzen. Dann gibt es ja noch mein Flugzeug-Leasing-Projekt, auch wenn das nur langsam Fortschritte macht. Und wenn ich dazu komme, gehe ich in den Fitnessraum oder – in meinem Trainingslager in Kroatien – zum Rudern und Schwimmen. Aber die Zeit, die mir neben dem Schach bleibt, ist recht knapp. Jedenfalls sammle ich nichts. Ich habe etwas gegen herumliegende Gegenstände, die zu nichts gebraucht werden.

Anatoli Karpow
»Briefmarken in Moskau aufzubewahren ist zu gefährlich, auch für die Familie«

Wer nicht reisen kann, reist im Kopf. Fern von Moskau, im Sowjetstädtchen Zlatoust am Ural, tat das auch der kleine Anatoli Karpow, den alle Tolja nannten. Er lernte die Welt anhand von Postwertzeichen kennen. Tolja beugte sich über die kleinen Bilder auf seinen Briefmarken und träumte von fernen Ländern. Pilot wollte er werden. Doch er war so kränklich, dass ihm die Mutter auch noch das Schachspiel ausreden wollte, weil sie um seine Gesundheit fürchtete. Trotz aller Bedenken setzten sich die Talente Anatoli Karpows schnell durch. Im Schach war er immer der Beste – weit über seine Altersklasse hinweg. Bald war sein Name auch außerhalb der Grenzen der großen Schachnation bekannt. 1969, als Achtzehnjähriger, wurde er Juniorenweltmeister, 1975 Weltmeister. Dank seiner Schacherfolge erfüllte sich auch seinen Kindheitstraum vom Reisen. Und überall, wo er hinkam, blieb er seinem Hobby treu. Während die Rivalen in den Matchpausen Spielvarianten einstudierten, entspannte sich Karpow mit dem Ordnen der Neuzugänge seiner Briefmarkensammlung. Sie wurde so umfangreich, dass er die Moskauer Wohnung aufstocken musste, um all die Alben unterzubringen. Heute hat Karpow wirklich Zeit für seine Marken. Seit ihn Garri Kasparow 1985 als Schachweltmeister entthronte, fesseln ihn Briefmarkenauktionen mehr als jede Schachpartie. Auch im Frühjahr 1999 in Monaco, als wir ihn zum Interview trafen, war er umgeben von befreundeten Sammlern. Das traditionelle Schachturnier, das hier einige Tage später über die Bühne ging, war für ihn kein Thema. Karpow schien sichtlich stolz darauf, dass ihn der Fürst zusammen mit neunundneunzig weiteren illustren Persönlichkeiten eingeladen hatte, an einer Ausstellung von Raritäten teilzunehmen und eines seiner besten Stücke zu zeigen. In Monaco brennt um diese Jahreszeit schon die Sonne, und das Meer, das Tolja in den kurzen Sommern von Zlatoust so vermisste, ist nah. Das Gespräch führten André Behr und Lars Reichardt im Juli 1999 in Monte Carlo.

Sie sind ein berühmter Schachspieler und mit insgesamt sechzehn Jahren der am längsten amtierende Weltmeister des Fide-Weltverbands – wie ist es Ihnen gelungen, Ihre geheime Leidenschaft so lange zu verbergen?
In Russland ist mein Hobby kein Geheimnis mehr. Nur hier im Westen weiß keiner davon; es hat sich einfach nie jemand danach erkundigt. Und die Ausstellung des Fürsten ist wirklich der erste größere Sammlertreff, an dem ich teilnehme.

Fürst Rainier hat die hundert prominentesten Philatelisten der Welt nach Monte Carlo eingeladen, ihr jeweils bestes Stück zu zeigen.
Die Ausstellung ist wirklich nett. Der Fürst war selbst da, er ist ja ebenfalls ein beachtlicher Sammler.

Der Assekuranzwert der Schau liegt bei mehr als hundert Millionen Mark; die Königin von England hat allein für den Transport eine Millionenversicherung abgeschlossen. Wie haben Sie Ihren Umschlag nach Monte Carlo gebracht?
Mein Freund Cornei Zoeteman hat seinen Assistenten geschickt, mit dem Koffer. Privatsammler haben immer Bedenken, wertvolle Briefmarken in der Gegend herumzutragen. Aber Zoeteman ist einer der wichtigsten Händler in Europa, da brauchte ich keine Versicherung.

Dabei zeigen Sie eine ganz besondere Rarität.
Mein Brief stammt aus dem Jahr 1851, und sein Inhalt war wohl so bedeutend, dass man gleich siebzehn einzelne 40-Centime-Briefmarken darauf klebte. Das war damals eine Menge Geld, heute wäre das ein Porto von 365 Dollar. Vielleicht können Sie sich jetzt vorstellen, warum dieser Brief so einen Seltenheitswert hat.

Wer klebt so viele Marken auf einen Brief?
Ich habe keine Ahnung, über Absender und Empfänger ist nichts bekannt. Es war ein Geschäftsbrief, in dem vielleicht Geld verschickt wurde. Berühmt wurde er eigentlich erst, als eine von den siebzehn Marken zu Anfang des Jahrhunderts vom Kuvert verschwand.

Einfach verschwand?
Ja, man weiß nicht, wie und warum, aber nachdem ich den Brief in Brüssel gekauft hatte, hat jetzt ein Sammler in Genf auch die verschollene siebzehnte Briefmarke aufgetrieben und mir verkauft – für 1000 Dollar. Normalerweise wäre sie gerade mal 50 wert gewesen, aber es war für uns beide ein gutes Geschäft. In der Geschichte der Philatelie ist das wirklich einzigartig: Zwei Weltkriege liegen dazwischen, eine Menge ist passiert, bevor die Marken auf diesem Brief wiedervereinigt wurden. Daher stellt er die größte Rarität in der belgischen Philatelie dar.

Wo kann man so einen Brief kaufen? Im Laden?
Ich kenne durch meine Schachreisen sicherlich alle Briefmarkenläden der Welt, aber seit den achtziger Jahren habe ich keinen mehr betreten. Höchstens, um Freunde zu besuchen.

Und mit ihnen zu tauschen.
Ich bin nur mit wenigen Händlern befreundet, in Frankreich, Amerika und Belgien. Briefmarken getauscht habe ich das letzte Mal als Student. Man tauscht heute nur sehr seltene Marken, gewöhnliche verkauft man. Und dazu habe ich keine Zeit.

Wo haben Sie den Brief also her?
Von einer Auktion, vor zwei Jahren in Brüssel. Die Konkurrenz war groß. Die anderen interessanten Briefe sind mir alle durch die Lappen gegangen. Aber die entscheidende Schlacht um diesen Brief habe ich gewonnen.

Wie lange dauert so etwas?
Nicht lange, auf einer Auktion muss man schnelle Entscheidungen treffen können, man muss wissen, was man will – und wo die eigene Schmerzgrenze liegt. Glück braucht man natürlich auch. Der Brief ist mit der wieder aufgetauchten Marke heute schon dreimal mehr wert, als ich ausgegeben habe.

Ist er auch Ihr teuerstes Stück?
Ich habe wertvollere Marken, etwa die Termond für 100 000 Dollar. Den Brief habe ich vor allem wegen seiner außerordentlichen Geschichte nach Monte Carlo mitgebracht.

100 000 Dollar – nicht viel im Vergleich zur blauen Mauritius. Welche Briefmarke ist eigentlich momentan die teuerste?
Jedenfalls nicht die blaue Mauritius. Ich glaube, zurzeit hält den Rekord immer noch David Feldman – er ist übrigens auch hier in Monte Carlo. In Genf hat er für etwa drei Millionen Schweizer Franken die schwedische Treskilling Banco verkauft, die einzige mit einer gelben Fehlfarbe! David hat einige wunderschöne Raritäten.

War das hier Ihre erste Einladung zu einer Ausstellung?
Nein, aber bisher hatte ich keine Zeit. Für Ausstellungen muss man normalerweise sechzig, siebzig Seiten Dokumentation erstellen und die Geschichte jeder einzelnen Marke erläutern, das ist eine ungeheure Arbeit. Aber in Belgien findet im September eine Ausstellung zur Herausgabe der ersten belgischen Briefmarke vor hundertfünfzig Jahren statt, da muss ich einfach mitmachen – ich habe die bedeutendste belgische Sammlung überhaupt.

Haben Sie Belgien komplett?
Ein bestimmtes Thema komplett zu besitzen ist unmöglich. Natürlich habe ich alle Marken, aber Briefe gibt es in unzähligen Varianten, immer wieder wird ein neuer entdeckt, irgendetwas fehlt daher immer. Niemand ist perfekt, man kann jede Sammlung verbessern. Und je ernsthafter man sich mit einem Gebiet beschäftigt, desto mehr Möglichkeiten tun sich auf. Aber sagen wir mal so: Meine belgische Sammlung ist sehr gut.

Was sammeln Sie außer Belgien?
Russische Zarenzeit. Mit der Sowjetunion und mit den Schachmarken habe ich angefangen, dann kamen die Olympischen Spiele dazu, auch ein wichtiger Teil; im Schach habe ich alles.

Sie meinen: weltweit alle Marken, die irgendetwas mit Schach zu tun haben?
Ich habe alles, sogar mit Probedrucken. Allerdings ist diese Sammlung nicht sehr groß.

Ist dabei auch jede kleine Marke, die vielleicht die Fidschiinseln irgendwann herausgebracht haben?
Ich bin im Augenblick nicht sicher, ob die Fidschis überhaupt eine Schachmarke haben. Mitte der achtziger Jahre druckten jedenfalls viele dieser kleinen Inseln Schachmotive: die Virgin Islands, Tobago und – wegen des WM-Kandidaten-Turniers – natürlich Curaçao; auch Tunesien, Libyen, alle Nordafrikaner außer Ägypten. Alles in allem sind es über hundert Länder. Ich dokumentiere diese Sammlung gerade und werde selbst einen Katalog herausbringen. Die berühmte Markenhandlung Stanley Gibbons in London hat das einmal versucht; sie mussten aufgeben, weil ihre Sammlung unvollständig war. Da bin ich Gott sei Dank besser dran, ich habe sie alle.

Wir dachten, man könnte niemals komplett sein?
In Marken, Varianten und Probedrucken sehr wohl. Nur Briefe kann man niemals komplett besitzen.

Wie viele Angestellte werden Sie für diesen Schachkatalog brauchen?
Das will ich allein machen. Es gibt ja nur sechshundert, siebenhundert Marken und vielleicht eintausendfünfhundert Varianten.

Sie sammeln nach Motiven und Ländern. Die blaue Mauritius würde Sie demnach gar nicht interessieren?
Sie liegt nicht in meinem Interessengebiet. Natürlich ist sie als Rarität interessant.

Sie würden sie nicht kaufen?
Doch, wenn ich sie zu einem guten Preis erstehen könnte. Ich habe Ihnen ja nur meine wichtigsten Gebiete genannt. Natürlich besitze ich auch Sammlungen von Monaco, Holland oder Frankreich. Ich habe sogar die Elvis-Presley-Marke von den Virgin Islands, um die es vor einigen Jahren einen Urheberrechtskandal gab und die kurz darauf vom Markt genommen wurde.

Wie viele Briefmarken besitzen Sie insgesamt?
Ich weiß es nicht, wirklich nicht.

Hunderttausend?
Schon ein paar mehr.

Eine Million?
Wahrscheinlich noch mehr. Manchmal muss man wegen einzelner interessanter Marken eine ganze Sammlung kaufen. Ich habe deshalb auch unzählige Duplikate. Aber ich kann Ihnen nicht einmal sagen, wie viele Alben ich besitze.

Also schön, verraten Sie uns vielleicht, wie viele Zimmer die Alben in Ihrer Wohnung belegen?
Es sind viele. Aber Briefmarken in Moskau aufzubewahren ist zu gefährlich, auch für die Familie. Zu Hause habe ich deshalb nur die gewöhnlichen Exemplare. Die belgische Periode ab 1940 etwa oder die Sowjetunion ab 1955. Das allein füllt schon mehrere Zimmer. Ich musste sogar gerade anbauen.

Für einen passionierten Sammler muss es doch furchtbar deprimierend sein, nicht ständig alle Marken um sich zu wissen.
Natürlich ist es frustrierend. Aber so oft bin ich ja nun auch nicht zu Hause. Nie mehr als drei, vier Monate im Jahr. Und im Ausland mit meinen Marken zu arbeiten macht mir ja genauso viel Spaß. Auch wenn es nicht schön ist, die wichtigsten nie dabeizuhaben.

Wo haben Sie denn Ihre wertvolleren Marken?
Einen Teil in Paris, einen Teil in Brüssel. Und in anderen Ländern – darüber spreche ich nicht gern. Jedenfalls sind die wertvollsten alle in Safes. Natürlich versuche ich, die Sammlungen nicht auseinander zu reißen. Die Olympischen Spiele werde ich allerdings nie zusammenhalten können, dieses Thema ist zu umfangreich.

Warum bewahren Sie Ihre Sammlungen an verschiedenen Orten auf?
Ein einziger Tresor wäre einfach zu klein.

Die Schweizer Banken sollen sehr große Tresore haben.
Ich bin zufrieden mit denen, die ich habe. Es ist ja auch bequemer so. Wenn ich in Frankreich bin, habe ich Zeit, an der Sammlung zu arbeiten, und in Holland oder Belgien genauso.

Mit Briefmarken arbeiten – wie muss man sich das vorstellen?
Wenn ich ein Turnier spiele, lasse ich sie mir aus der Bank bringen, ordne sie neu, habe Freude, sie anzuschauen, und sortiere neue Marken ein.

Dann sollten Sie vielleicht doch wissen, wie viele Alben in welchem Safe liegen. Wie können Sie sonst sicher sein, dass die Bank nicht das eine oder andere Album vergisst?
Es wäre natürlich vorteilhaft, einmal alles auf dem Computer zu katalogisieren. Das versuche ich ja gerade, zumindest mit meiner belgischen und der Schachsammlung. Für Belgien werde ich allerdings ein paar Angestellte brauchen.

Wie oft betrachten Sie Ihre Sammlung?
Immer, wenn mir danach zumute ist. Manchmal beschäftige ich mich tagelang damit und versinke förmlich darin. Ich habe keine festen Zeiten. Aber zu Weltmeisterschaften nehme ich sie immer mit.

Wollen Sie damit sagen, dass Sie in den Kampfpausen in Briefmarkenalben geblättert haben, während Garri Kasparow nächtelang Stellungen paukte?
Doch, das ist schon so gewesen; bei der WM 1985 in Moskau habe ich die Sowjetunion bearbeitet, 1987 in Sevilla einen Teil von Belgien und 1990 in New York und Lyon die Olympischen Spiele. Briefmarken helfen mir eben ungemein, mich zu entspannen und Schachprobleme zu vergessen.

Vielleicht gelten Sie deswegen als faulster Weltmeister aller Zeiten.
Als der zweitgrößte nach Capablanca. Ich habe mich schon vorbereitet, hätte aber mehr tun können. Von Capablanca …

... José Raul Capablanca, dem Weltmeister 1921 bis 1927...
... gibt es übrigens einen wunderschönen kubanischen Probedruck von 1951, den man einfach herauszubringen vergessen hatte. Erst nach dem Tod des Druckers, beinahe dreißig Jahre später, fand man ihn in dessen Nachlass. Das ist die seltenste und wertvollste Schachmarke.

Sind Sie auch beim Sammeln faul?
Manchmal fehlt mir einfach die Zeit, ich gehe einen Auktionskatalog durch, vergesse aber die Kauforder durchzufaxen. Das kommt vor bei mir. Aber so ist das Leben nun mal. Man kann nicht überall dabei sein.

Nur mit Ehrgeiz wird man Schachweltmeister. Reizt es Sie nicht, auch der beste Sammler zu werden?
Ich bin bei allem, was ich mache, ehrgeizig. Sonst fange ich erst gar nicht an.

Bei einer Million Briefmarken könnte man sogar vermuten, Sie seien süchtig.
Vielleicht. Ja.

Haben Sie auch noch andere Hobbys?
Ich leite den Peace Fund, die einzige russische Wohlfahrtsorganisation, der von den Vereinten Nationen der höchste Status zugebilligt wurde. Und gerade gründe ich auf Zypern eine neue Schachschule für Jugendliche. Mit dem Hotel »Four Seasons« auf einer Insel, die nur zwei Jahreszeiten kennt.

Schachspieler haben ein enormes Gedächtnis – erinnern Sie sich an jede Ihrer Marken?
Das ist unmöglich. Einen Brief mit einer seltenen Marke von den Olympischen Spielen 1920 hatte ich zum Beispiel lange gesucht, bis ich ihn auf einer Auktion fand. Als ich ihn in mein Album einsortierte, machte ich eine lustige Entdeckung: Ich hatte den gleichen Brief mit der gleichen Marke schon einmal von demselben Sammler gekauft.

Wie kommt ein Briefmarkensammler zu seinem Hobby?
Als Kind natürlich. In meiner Heimatstadt Zlatoust am Ural sammelten alle Kinder Anstecknadeln. Irgendwann mit zehn Jahren bekam ich meine erste Briefmarke in die Hand. Ernsthaft zu sammeln begann ich erst, als ich Anfang der siebziger Jahre mit Schach mein erstes Geld verdiente.

Und was fasziniert einen Sammler so an Briefmarken?
Durch Briefmarken erfährt man Dinge, die einem sonst unzugänglich bleiben. Eines Tages war ich beispielsweise in Kuala Lumpur und überraschte meine Gastgeber mit den Namen sämtlicher malaysischer Bundesstaaten – in alphabetischer Folge. Sie dachten, ich hätte mich auf die Reise vorbereitet. Dabei konnte ich mich einfach nur an einen malaysischen Auktionskatalog erinnern. Briefmarken erzählen die Kurzfassung der Geschichte ihres Landes. Architektur, bedeutende Ereignisse oder Menschen, alles findet sich darauf.

Sigmund Freud meinte, jeder Sammler müsse eine unglückliche Kindheit gehabt haben.
Das kann ich nicht beurteilen. Er wird das besser wissen. Ich mag einfach alles an Briefmarken: wie sie aussehen, wie sie hergestellt werden. Man will sie sich anschauen, jeden Tag, und immer etwas dazulernen. Das ist das Wichtige.

Faszinieren einen Sammler auch die Bilder?
Das ist eine andere Geschichte. Als Schuljunge hört man von fremden Ländern, aber als ich zum ersten Mal eine Marke aus den Arabischen Emiraten sah, hielt ich dieses Land noch für eine Erfindung.

Wann merkten Sie, dass es die Emirate tatsächlich gibt?
Im Grunde erst 1986 bei der Schacholympiade in Dubai, da erinnerte ich mich tatsächlich an jene Marke, die ich vor zwanzig Jahren in der Hand gehabt hatte, ohne mir vorstellen zu können, dort jemals hinzukommen – geschweige denn, Schach zu spielen.

Was war auf Ihrer allerersten Briefmarke zu sehen?
Als Kind wollte ich unbedingt Pilot werden. Meine erste Marke aus dem Jahr 1958 zeigte einen Armeepiloten. Hätte ich eine andere gefunden, wäre ich wahrscheinlich nie Sammler geworden. Seltsamer Zufall, nicht wahr? Ich fand sie in einem Buch, einem normalen Buch. Keine Ahnung, wie sie dort hineingekommen ist. Dabei war es nicht einmal eine bedeutende oder wertvolle Marke. Die kriegt man heute noch an jeder Straßenecke.

Haben Sie sich Ihren Jungentraum vom Fliegen inzwischen erfüllt?
Ich saß schon einmal am Steuer eines Sportflugzeugs. Natürlich nicht ganz allein.

Karpow, der bedächtige Briefmarkensammler und Defensivkünstler auf dem Schachbrett, liebt in Wirklichkeit das Risiko?
Das würde ich nicht gerade sagen. Aber wissen Sie, welcher Weltmeister am häufigsten die Dame geopfert hat? Alle denken, das müsse Tal gewesen sein. Er war es nicht, genauso wenig Kasparow. Ich bin es, der die meisten Damenopfer gemacht hat.

Besitzen Sie Ihre erste Briefmarke noch?
Natürlich, irgendwo in meiner Sammlung der Sowjetunion. Aber meine Zarensammlung ist sehr viel besser, ich habe eine der größten. Seltsamerweise gibt es die meisten Sammlungen alter russischer Marken im Ausland. Wahrscheinlich weil es zu Sowjetzeiten nicht einmal einen Katalog gab. Die Briefmarkenkataloge beginnen alle mit dem Jahr 1917. Die Zarenzeit wurde nicht einmal erwähnt.

Karpow, der im Ruf des Apparatschiks steht, sammelte verbotene Briefmarken aus der Zarenzeit?
Das mit dem Apparatschik war nie eine korrekte Einschätzung. Ich war kein opportunistischer Mitläufer des Sowjetsystems. Nur die Presse klebt noch an ihren alten Vorurteilen, ich sei gegen Fischer, gegen Kortschnoi gewesen. Dabei habe ich als einer der wenigen niemals einen dieser kommunistischen Gruppenbriefe unterschrieben, auch nicht gegen Kortschnoi. Ich war immer mein eigener Herr. Und die Zarenmarken waren auch nicht verboten, man sprach

nur nicht über sie, seit Stalin erschien kein Katalog mehr. Wissen Sie, in Russland hatte die Philatelie einen traditionell sehr hohen Stellenwert, auch nach der Revolution. Wir hatten viele weltweit angesehene Sammler, aber ab 1935, als dieser stalinistische Wahnsinn anfing, kamen die meisten von ihnen ins Straflager: Sie pflegten internationale Korrespondenz, und wenn man ein Kaufangebot aus dem Westen erhielt, vermuteten Stalins Leute gleich Spionage dahinter. Das ist leider kein Witz. Die meisten Briefmarkensammler saßen damals im Gefängnis.

Wo haben Sie zu Sowjetzeiten eingekauft?
Als Student in einem Laden in Moskau, direkt gegenüber der KGB-Zentrale. Gute Marken, muss ich sagen, zu guten Preisen.

Und wo gibt es heute den besten Markt für Marken?
Deutschland ist gut, die Schweiz, Holland und Belgien auch, aber der günstigste Auktionsmarkt ist wahrscheinlich Amerika.

Muss man bei Auktionen persönlich erscheinen?
Nein, man gibt sein Gebot ab, und wenn jemand höher bietet, hat man Pech gehabt.

Wenn Sie nicht einmal wissen, wie viele Marken Sie besitzen, ahnen Sie überhaupt, wie viel Ihre gesamte Sammlung wert ist?
Das habe ich nie ausgerechnet, aber ich könnte es mehr oder weniger ableiten. Man braucht dafür nicht jede einzelne Marke zu kennen, sondern addiert einfach alle vollständigen Sammlungen, etwa: Sowjetunion 1950 bis 60.

Vielleicht wären Sie geschockt über Ihren Reichtum.
Ich weiß es wirklich nicht. Jedenfalls gebe ich eine Menge für Briefmarken aus.

Was kosten denn diese zehn Jahre Sowjetunion?
Ernsthafte Sammler reden gar nicht erst von Marken ab 1950. Da fängt der Hobbysammler an, die sind zu leicht zu bekommen. Interessant bei der Sowjetunion ist nur die Periode 1933 bis 37, diese

vier Jahre. Allenfalls noch 1922 bis 25 und 49 bis 52, danach ist alles noch in Unmengen zu kriegen.

Sind Briefmarken eine profitable Anlage?
Das hängt vom Preis ab. Mit einigen Marken macht man ein gutes Geschäft, mit anderen ein schlechtes. Wer sie heute bei der Post kauft, schmeißt sein Geld zum Fenster raus; die Mengen sind einfach zu groß. Nach der Währungskrise Anfang der achtziger Jahre stürzten die Markenpreise abrupt ab. Die Leute, die in den sechziger und siebziger Jahren Hunderte neuer Marken kauften, wurden sie größtenteils nur unter Nennwert los. In der Bank verdoppelt sich Ihr Geld alle sieben, acht Jahre, mit neuen Briefmarken erzielt man diese Quote nicht mehr. Aber wer gute alte Marken kauft, investiert richtig.

Interessiert Sie das Geld überhaupt?
Nein, wer kein Interesse für Briefmarken hat, der sollte auch nicht sein Geld darin anlegen. Sonst macht man zu viele Fehler. Das ist wie bei Aktien: Man sollte wissen, was man tut, und die Materie studieren; es gibt Bücher, die man kennen muss. Jedes Hobby erfordert Zeit und Geduld.

Findet denn auch Ihre Familie Zeit und Geduld für Ihre Sammlung?
Meine Frau hat sich die Sammlung natürlich schon einmal angesehen. Zu längeren Turnieren begleitet sie mich ja immer.

Was hält Ihre Frau von Ihrem Hobby?
Oh, ja, sie … Nun, also ich kann nicht sagen, dass sie es besonders mag. Mein Hobby nimmt Zeit in Anspruch, es kostet Geld. Das Geld kümmert sie wenig, eifersüchtig ist sie nur wegen der Zeit. Aber sie versteht, dass die Marken für mich Erholung vom Schach bedeuten. Ohnehin – wie sagt man so schön: Wer die Realität nicht ändern kann, muss eben seine Einstellung zu ihr ändern. Und in diesem Sinne ist meine Frau sehr clever.

Warum sammeln so wenige Frauen Briefmarken?
Ich weiß es nicht. Im Schach gibt es ja auch weniger Spielerinnen. Vielleicht haben Frauen seltener Zeit für solche Dinge. Beim Gala-

diner des Fürsten saß ich allerdings mit einer englischen Dame am Tisch, sie war eine große Expertin. Und die Queen hatte ja ein sehr schönes Exemplar ausgestellt.

Sammelt Ihr Sohn Anatoli auch?
Nein, noch nicht. Er interessiert sich nur fürs Programmieren, aber Gott sei Dank wenigstens nicht für diese stupiden PC-Spiele.

Wünschen Sie sich nicht insgeheim, dass er einmal Ihre Sammlung weiterführen wird?
Das ist eine Frage, die sich jedem Sammler stellt. Natürlich sähe ich es gern, wenn meine Marken einmal auf meinen Sohn und dann vielleicht auf seinen übergehen würden und auf diese Weise in der Familie blieben. Es ist wirklich traurig, wenn jemand stirbt und eine fantastische Sammlung auseinander gerissen und einfach verkauft wird. Für andere Sammler ist das wiederum schön. Aber was soll ich denn machen? Man sollte seinen Sohn zu Disziplin zwingen, aber nicht zu einem Hobby oder etwa dazu, Schach zu spielen.

Sind Briefmarken generell der perfekte Ausgleich zum Schach?
Für mich ja. Petrosjan sammelte auch, in Schach und Kunst war er durchaus ernst zu nehmen, Polugajeweski und Paul Keres genauso, Toran ist mir sogar fast ebenbürtig – nur bei Schachmarken, wohlgemerkt. Aber der eine joggt eben, der andere spielt Tennis oder Karten.

Sprechen Sie jetzt von Ihrem Konkurrenten Garri Kasparow?
Karten spiele ich auch.

Wie groß ist der Konkurrenzkampf unter Sammlern?
Bei jeder Ausstellung konkurriert man miteinander. Für die beste Sammlung auf einer Ausstellung erhält man manchmal eine Goldmedaille; in der Türkei bekommt man sogar einen Pokal aus echtem Gold. Und jede Medaille steigert den Schätzwert einer Sammlung. Aber im Grunde machen wir das wirklich nur zum Spaß.

Haben Briefmarkensammler keine Feinde?
Einige Sammler nehmen das Ganze tatsächlich ein bisschen zu ernst und geben ungern Adressen oder Informationen preis. Ich gehöre nicht dazu. Im Schach habe ich genügend Konkurrenz.

Haben Sie auch Kasparow-Marken?
Ja. Es gibt davon allerdings etwas weniger als mit meinem Porträt.

Obwohl Sie in der Weltrangliste inzwischen hinter Ihrem Dauerrivalen liegen.
Ranglisten sind Blödsinn. Was ist denn, wenn man ein Turnier krank antritt? In Holland startete ich mit 39 Grad Fieber. Hätte ich nicht gespielt, wäre der Sponsor aufgeschmissen gewesen. Kasparow wäre unter diesen Umständen gar nicht erst angetreten. So sehe ich das. Ich habe bisher hundertneunundvierzig Turniere gewonnen, vielleicht werden es noch mehr. Zweiter ist Aljechin mit sechsundsiebzig, und dann kommt irgendwann Kasparow. Da muss ich mich nicht auf irgendwelche Diskussionen einlassen. Die Geschichte wird die Antwort geben.

Hat man Sie jemals um Erlaubnis gefragt, Ihr Porträt auf einer Briefmarke drucken zu dürfen?
Nur einmal, weil Guinea kein ordentliches Foto von mir hatte. Einen Prozess hat meines Wissens aber noch nie jemand angestrengt. Ein unerlaubter Abdruck kann natürlich auch zu Missverständnissen führen. Zentralafrika hat einmal Petrosjan mit Mecking verwechselt. Und Nordkorea machte aus Kortschnoi einen Asiaten mit Schlitzaugen.

Raymond Klibansky
»Melancholiker sind in gewisser Weise die interessanteren Menschen«

Drei Nachmittage lang hatte Raymond Klibansky Rede und Antwort gestanden und sich an viele Geistesgrößen des 20. Jahrhunderts erinnert, die er persönlich kennen gelernt hatte. Am vierten aber wollte er ganz sicher gehen, dass nichts schief läuft. Wie zuvor hatte er Schlips und Jackett angelegt, wie zuvor stand im Wohnzimmer in Montreal der Tee bereit. Doch diesmal hatte er aus seiner stattlichen Bibliothek die Schätze herausgesucht, auf die es ankommt, wenn man die Geschichte des Melancholiebegriffs nachvollziehen will. »Wir haben wenig Zeit«, begann er und zitierte bereits Immanuel Kant oder Robert Burton, während seine Gäste am Gebäck knabberten, mit dem er sie stärken wollte. Klibansky, Jahrgang 1905, liest ohne Brille. Am liebsten hätten wir uns zurückgelehnt, um den präzise aneinander gereihten Worten aus fernen Jahrhunderten zu lauschen, denen der Philosoph eine hohe Stimme gab, doch der Vortrag war dicht und anspruchsvoll. »Wir haben wenig Zeit«, wiederholte Klibansky und griff immer wieder nach einem wichtigen Buch. Bücher, das war das Einzige, was Klibansky blieb, als er 1933 vor den Nazis aus Heidelberg nach Oxford floh. Bücher stehen immer noch im Mittelpunkt seines Lebens. Gern würde er auch noch viele von ihnen schreiben, auf Lateinisch, Italienisch, Englisch, Französisch oder Deutsch – es fehlt ja noch ein abschließendes Werk zu Platon, aber er hat keinen Sekretär, der ihn unterstützen könnte. Schon die Bewältigung der täglichen Post lässt ihm keine Zeit. Gottlob besteht kein wirklicher Grund zur Eile: Der liebenswerte Gelehrte ist noch mit fünfundneunzig Jahren bei bester Gesundheit. »Das müsste genügen fürs Erste«, schloss er seinen Intensivkurs. »Sie haben sicherlich noch viele Fragen.« Das Gespräch führten André Behr und Lars Reichardt im März 2001.

Professor Klibansky, haben Sie ein glückliches Leben geführt?
Diese Frage lässt sich kaum mit ja oder nein beantworten. Menschen, die niemals Unglück verspürt haben – es gibt sie wohl, aber sie sind doch um einige Erfahrungen ärmer. Von meiner Generation

kann man das ohnehin nicht behaupten. Wir haben mit dem Einbruch des Nationalsozialismus die ganze Rohheit des Menschen erlebt. Aber nehmen Sie doch erst einmal Ihren Tee zu sich.

Gerne. Aber kann man denn mit fünfundneunzig Jahren wirklich noch melancholisch sein?
Natürlich. Ich war mein ganzes Leben lang Melancholiker und werde es bestimmt auch noch mit hundertfünfzig sein.

Dabei haben Sie fröhliche Augen.
Habe ich die? Ein Melancholiker sieht nicht unbedingt traurig aus. Er weiß nur aus eigener Erfahrung, was Trauer ist. Und in Gesellschaft spielt man doch eine gewisse Rolle; man stellt sich dar, ob man will oder nicht. Das Leben ist nun mal auch ein Spiel, bei dem man mitspielen muss.

Woran erkennt man einen Melancholiker dann?
Der Ausdruck der Augen ist gar kein so schlechter Hinweis. Denken Sie nur einmal an den Mann, von dem man im Augenblick so viel spricht, Alan Greenspan.

Wir dachten, die Melancholie sei eine europäische Erfindung.
Der Begriff ist ein westlicher, aber die existenzielle Erfahrung ist es nicht. Aber Sie haben Recht: Amerikaner denken eher, alles sei machbar, und dennoch gibt es in den USA mehr Leid, als man gemeinhin denkt. Greenspan ist jedenfalls kein Yuppie, kein typisch amerikanischer Optimist. Ich kann mir gut vorstellen, dass er zu den Melancholikern gehört. Diesen Blick kenne ich auch von Einstein. Ich sehe ihn noch vor mir, wie er in der Royal Albert Hall mit anderen vom NS-Regime vertriebenen Gelehrten geehrt wurde – von Ernest Rutherford und Chamberlain, nicht Neville, sondern seinem Halbbruder Austen, dem Außenminister.

Albert Einstein war ein trauriger Mensch?
Durchaus. Jeder verehrte ihn, und dennoch verriet ein gewisser Ausdruck in seinen Augen: Das ist kein wirklich glücklicher Mensch.

Warum nicht?
Bei all der Ehre, die ihm zuteil wurde, bedrückte ihn doch sehr, dass er die Weltformel nicht finden konnte. Niels Bohrs Kopenhagener Deutung der Quantenmechanik und ihr Unbestimmbarkeitsprinzip wollte er nie annehmen; er meinte, dass irgendetwas mit ihr nicht stimmt, war aber nicht in der Lage, selbst den Schlüssel zu finden. Leider habe ich ihn zuletzt in Princeton nicht mehr getroffen, wir standen nur noch in Briefkontakt.

Ist Trübsinn eine Intellektuellenkrankheit?
Nennen Sie alle Gemütszustände krankhaft, die vom Normalen abweichen? Die Normalität ist nach dem Spießbürger konstruiert, und von diesem Leitbild weicht der Melancholiker sicherlich ab. Er ist ja gerade durch die Verschiedenheit seiner Stimmungen gekennzeichnet. Deswegen vermutet man schon seit der Antike, dass eigentlich alle außergewöhnlichen Menschen Melancholiker sein müssen.

Sie haben Ihr ganzes Leben lang die Melancholie erforscht. Was ist daran für einen Philosophen so interessant?
Die Geschichte der Melancholie und die unterschiedlichen Einstellungen zu ihr spiegeln die ganze Geistesgeschichte bis zur Gegenwart. Die Melancholie unterscheidet sich von allen anderen Begriffen. Das Wort stammt aus der Antike – es bezeichnet die schwarze Galle – und ist bis heute dasselbe, obwohl sich seine Bedeutung ständig gewandelt hat. An dem Begriff lässt sich daher sehr gut das für die Philosophie grundlegende Problem erklären, wie das Physische und Psychische miteinander verwoben sind.

Ist Schwermut nicht eher ein Fall für den Psychiater?
Freud war ein großer Schriftsteller, aber was er über die Melancholie sagte, bleibt sehr blass.

Vielleicht, weil er selbst kein Melancholiker war?
Oh doch, ich meine schon. Am Ende seines Lebens sah er sehr wohl die Grenzen der Psychoanalyse, das musste ihn bedrücken. Sehen Sie, man kann etwa Klaus Mann als Melancholiker bezeichnen. Aber die Freud'sche Erklärung des Selbstmords halte ich selbst in seinem

Fall für sehr oberflächlich. Klaus Mann und ich gingen gemeinsam auf die Odenwaldschule. Ich kann nicht behaupten, dass er mein Freund gewesen wäre wie sein Bruder Golo, der auf Schloss Salem zur Schule ging. Haben Sie von Salem gehört?

Ein recht elitäres Internat am Bodensee.
Das war es auch damals. Aber in der Odenwaldschule spielte die gesellschaftliche Stellung der Eltern keine Rolle. Thomas Mann hatte seine älteren Kinder nicht gern um sich. Sie störten, darum schickte er sie ins Internat. Ich interessierte mich damals für Spiele und Sport, aber Klaus war unsportlich und liebte eher junge Knaben. Darum war unser Verhältnis damals kein sehr herzliches. Er war jedoch ein begabter Schriftsteller und später, das rechne ich ihm hoch an, stritt er nicht nur gegen die Nationalsozialisten, sondern bei einem kommunistischen Schriftstellerkongress in Moskau auch dagegen, dass alle Kunst der Gesellschaft dienen müsse.

Sie wollten auf Klaus Manns Selbstmord hinaus …
Ja, das will ich. Thomas Manns Sohn zu sein war also sicherlich kein Leichtes. Dem hoch begabten Vater mangelte es an Güte. Er war zu sehr mit sich selbst beschäftigt. Jedenfalls wäre es selbst bei Klaus Mann zu einfach, seine Melancholie allein mit einer unglücklichen Kindheit begründen zu wollen. In der einen oder anderen Weise leiden doch viele von uns in der Kindheit, und wir bringen uns dennoch nicht um.

Melancholiker sind also nicht unbedingt depressiv?
Die moderne Psychologie hat den Begriff der Melancholie durch den der Depression oder der endogenen Krankheit ersetzt, und doch weiß sie kaum mehr darüber als das älteste Erklärungsmodell, die Lehre des Hippokrates von den vier Säften, die alle im Gleichgewicht sein sollten. Nach dieser Theorie aus dem 5. Jahrhundert vor Christus nehmen die schwarzen Gallensäfte beim Melancholiker überhand.

Die schwarzen Gallensäfte halten Sie für eine bessere Metapher als die der Depression?
Die Vier-Säfte-Lehre ist mehr als eine Metapher, sie war ein erster Ansatz, Gemütszustände auf unsere körperliche Beschaffenheit zurückzuführen. Die Unterteilung der Menschen in vier Grundtypen und die Beobachtung, wie der Körper Charakter und Psyche beeinflusst, war eine große Errungenschaft. Wir alle sind an unsere körperliche Konstitution gebunden, das lässt sich nicht leugnen. Die Frage in den folgenden Jahrhunderten war nun, ob man ein Sklave seines Körpers ist oder es doch ein eigenes Wollen gibt, das nicht von der persönlichen Beschaffenheit bestimmt ist. Denn natürlich ist auch die Vier-Säfte-Lehre nur die Reduktion eines vielfältigen Problems auf eine Formel. In einer Schrift, die Aristoteles zugeschrieben wird, ›Problema 30‹ – ich vertrete die Ansicht, dass sie von seinem Schüler Theophrast stammt –, wird zum ersten Mal die Frage aufgeworfen, warum alle außergewöhnlichen Menschen, später spricht man von Genies, Melancholiker zu sein scheinen. Das spielt eine ganz entscheidende Rolle in der Geschichte dieses Begriffs. Der Melancholiker kann eine Neigung zur großen Kunst zeigen oder zum Selbstmord.

Auch zu Wahnvorstellungen?
Ich stand im Briefverkehr mit Kurt Gödel.

Dem Mathematiker, der befürchtete, vergiftet zu werden, und nach dem Tod seiner Frau verhungerte.
Es gibt Zeichen des Melancholikers, die auf ihn zutreffen, aber sie sind nicht unbedingt charakteristisch. Wenn ein Mann so eine Haltung zum Essen entwickelt, dann ist natürlich etwas nicht in Ordnung. Er fühlte sich verfolgt, er lebte in einer Welt der Einbildung, das ist keine glückliche Welt. Hildegard von Bingen hat diese Zeichen sehr treffend beschrieben. Die haben Sie sicherlich gelesen, nicht wahr?

Die Äbtissin aus dem 12. Jahrhundert? Leider nein.
Sie sieht den Ursprung der Melancholie im Sündenfall; Melancholie versteht sie als göttliche Strafe für begangene Sünden. Das hat auch

Luther hervorgehoben, genau wie der tief von ihm beeinflusste Lucas Cranach. Seine Gemälde verbinden die Melancholie mit Satan, während die von Dürer den Einfluss von Saturn betonen – aber ich will Sie nicht mit Namen überschütten. Sie haben ja noch gar nicht Ihren Tee getrunken!

Dürer empfand die Melancholie nicht als Gefahr?
Jeder redet von Dürers berühmtem Stich »Melencolia«, aber niemand macht sich die Mühe, einmal sein Selbstzeugnis nachzulesen. Er sprach so schön von einem inneren Bild im Geist jedes Künstlers, das er in der platonischen Tradition Idee nannte. Die besten Abbilder bleiben hinter der Idee, der Vision des Künstlers zurück. Dürers Melancholie ist Ausdruck dieser tief gefühlten Spannung. Einer Spannung zwischen dem Wollen und dem Vollbringen, die immer besteht.

Ist das nicht auch die moderne Auffassung?
Nein, nein. Die Moderne sieht in der Melancholie einen Quell erlesener Freuden, eine Betrachtungsweise, die auch für die Romantiker und Baudelaire ganz grundlegend ist. Schon Robert Burton hat da tief gedacht. Leider wird sein Werk ›Anatomie der Melancholie‹ von 1621 in Deutschland viel zu wenig beachtet.

Bei Moderne dachten wir eigentlich an das 20. Jahrhundert.
Bitte lassen Sie uns noch einen Augenblick bei Burton verweilen, von ihm können Ihre Leser wirklich viel lernen. Nun der Refrain seines berühmten Gedichts zu Beginn des großen Werks: »All my joyes to this are folly, naught so sweet as melancholy.« Sie sehen: Melancholie ist die Freude und zugleich der Schmerz: »All my griefs to this are jolly, naught so sweet as melancholy.«

Himmelhoch jauchzend, zu Tode betrübt?
Das ist es! Sein Intellekt lässt den Melancholiker mehr sehen als andere, und es gibt für ihn niemals nur Schmerz oder nur Freude. Sprechen Sie Italienisch? »Le avventure della malinconia«, die Abenteuer der Melancholie, hieß mein Vortrag an der Universität von Bologna, als man mir dort freundlicherweise ein Ehrendoktorat verlieh.

Sie meinen, Melancholie gehört zu einem spannenden Leben?
Natürlich, im 18. Jahrhundert wird Melancholie geradezu Mode – le plaisir d'être triste bei Victor Hugo. Der Mensch ist nicht Sklave seiner Melancholie, sondern sie eröffnet ihm viele Möglichkeiten. Ah, und Kants Zitat ist so schön, das sollten Sie auch unbedingt kennen lernen, ich hole es sofort. In den Beobachtungen über das Gefühl des Schönen und Erhabenen spricht er von der besonderen Bedrohung des Melancholikers und der besonderen Auszeichnung, die ihm zukommt. Das ist Kant! Natürlich war auch er ein Melancholiker, Hegel war es nicht.

Offensichtlich empfinden Sie Melancholiker grundsätzlich als die sympathischeren Menschen.
Die Melancholiker sind in gewisser Weise die interessanteren Menschen. Sie stellen sich ja selbst in Frage und erheben nicht den Anspruch, vollendet zu sein. Das Gefühl des eigenen Ungenügens bewahrt sie vor einer gewissen Arroganz, deswegen empfehle ich Ihnen auch Burton. Heideggers Selbstgefühl hingegen hatte schon beinahe etwas Diktatorisches. Die Franzosen sind ja immer noch außerordentlich von ihm beeindruckt. Er duldete keinen Zweifel, genau wie Stefan George.

Den kannten Sie auch?
Nur flüchtig, durch liebe Freunde. Der Dichter George war fähig, alle in seinen Bann zu ziehen. Vielleicht haben Sie den Namen Karl Wolfskehl schon einmal gehört? Er hatte dieses schöne Haus in München, in dem die großen Orgien stattfanden, bei denen man sich als Homer und Dionysos verkleidete.

Ausschweifende Partys waren nie Ihre Sache?
Ich habe nichts gegen Alkohol, und geraucht habe ich auch eine kurze Zeit. Das Saufen war mir allerdings immer zuwider, schon zu meinen Studienzeiten in Heidelberg. Sie sind zu jung, um sich vorstellen zu können, was deutsche Burschenschaften und adlige Verbindungen alles veranstaltet haben.

Ist Melancholie typisch männlich?
Oh, vielleicht haben Sie nie mit melancholischen Frauen zu tun gehabt, ich kenne jedenfalls viele.

Waren Sie gelegentlich unglücklich verliebt?
Bitte, lesen Sie Burton! Er schreibt wirklich wunderbar über die Melancholie der Liebe und auch der Religion. Zu Ihrer Frage: Nein, der Liebesmelancholie kann ich mich nicht zeihen. Das Unglück hat bei mir nie lange gedauert. Sie wissen sicherlich, dass für den großen persischen Philosophen Avicenna die Liebe grundsätzlich eine Krankheit darstellte.

Warum siezen Sie eigentlich Ihre Frau?
Sie ist Francokanadierin, und als ich sie hier in Montreal kennen lernte, hatte sie schon mehrere juristische Werke geschrieben. In den Kreisen, in denen ich vor dem Krieg in Frankreich verkehrte, siezte man seine Frau grundsätzlich, eine so erfolgreiche erst recht. Vor dem Krieg war übrigens eine weitere Blütezeit der Melancholie. Der Grund für den Schmerz war es, den Grund nicht zu kennen. Heute ist die Melancholie schon beinahe sinnlos geworden.

Wieso denn das?
Die Verzweiflung darüber, nicht den Grund der eigenen Verzweiflung zu kennen, setzt voraus, dass man an eine grundlegende Ordnung glaubt. Nach Auschwitz und Hiroshima greift der Begriff Melancholie nicht mehr; das persönliche Leid besitzt, gemessen am Leid der Welt, kein großes Gewicht mehr.

Die Melancholie ist also tot?
Die Melancholie ist tot als gesellschaftliche Stimmung. Aber die Menschheit hat sich natürlich nicht geändert. Auch nach Hiroshima bedauert man noch sein persönliches Schicksal. Der Mensch vergisst ja auch schnell und hofft, die Katastrophe nicht noch einmal zu erleben.

Ihr Bekannter Leo Szilard, einer der wesentlichen Mitentwickler der Atombombe, wollte nicht vergessen.
Der Abwurf auf Japan und der Tod so vieler Menschen waren eine Tragödie für ihn. Natürlich ließ ihn das melancholisch werden. Nach Hiroshima wandte er sich angeekelt von der Physik ab und wurde Delphinforscher. Ich kannte ihn seit 1933, da war er noch ein lebhafter Mann mit einer Mission, kein bisschen schwermütig. Er sah, welch ungeheure Gefahr hinter der Atomzertrümmerung und den deutschen Bemühungen darum steckte, und hat als Erster Einstein darüber aufgeklärt. Der antwortete ihm, daran habe er noch gar nicht gedacht.

Sie sind wahrscheinlich der einzige Philosoph, der je für einen Geheimdienst gearbeitet hat.
Ich war während des Krieges beim Amt für politische Kriegsführung in London beschäftigt. Aufgrund meines Wissens über die deutsche Geistesgeschichte habe ich vor allem Aussagen der führenden Machthaber analysiert. Später kam wegen meiner Sprachkenntnisse Italien hinzu. Seitdem bin ich übrigens ein großer Fußballfan.

Als welchen Melancholikertyp sehen Sie sich selbst?
Ich bin nicht einer, der trauert, weil er den Grund nicht kennt. Ich mache mir Vorwürfe, nicht alles getan zu haben, was ich hätte tun können. Oder vielleicht mit Menschen nicht richtig umgegangen zu sein. Denn sicherlich gibt es viele Kollegen, die mich nicht mochten, aber es gibt auch einige, die ich nicht mochte. Was wir wollen und was wir erreichen, deckt sich im Leben nun mal selten.

Sie haben die höchsten deutschen und kanadischen Orden verliehen bekommen.
Oh, oho, und trotzdem könnte ich Ihnen den ganzen Tag davon erzählen, wie wenig ich verwirklicht habe. Wenn ich daran denke, werde ich wirklich traurig. Aber natürlich hat mich das gefreut – wie heißt dieser deutsche Orden noch einmal?

Das große Bundesverdienstkreuz?
Richtig. Bald nach dem Krieg bin ich nach Kanada gegangen und habe getan, was ich konnte, um bei der Jugend den Gedanken der Toleranz zu fördern.

Wie fördert man denn Toleranz?
Durch die Herausgabe von John Locke und anderer wichtiger Texte in der Sammlung ›Philosophie et Communité Mondiale‹, ›Philosophie und Weltgemeinschaft‹. 1953 habe ich dann die Bibliografie der Philosophie begründet. In sechsundfünfzig Ländern erfassen wir die gesamte Produktion philosophischer Texte; Deutschland, dank dem philosophischen Seminar in Düsseldorf, macht ganz hervorragend mit. Andere sind da etwas fauler, ich muss sie anspornen, ihre Arbeiten einzusenden.

Ihre Melancholie hat Sie bei Ihrer Arbeit nie gelähmt?
Der Philosoph darf sich von ihr nicht beherrschen lassen. Wie Theophrast so wunderbar sagte: »Der Künstler leidet an der Welt, aber er macht auch etwas aus diesem Leid.« Das Leiden spornt ihn an. Traurigkeit darf niemals eine Entschuldigung für Untätigkeit werden.

Ist der Melancholiker ein Pessimist?
Nein, nein, diese Annahme wäre nun ganz falsch. Die Melancholie ist ein Schicksal, aber der Mensch hat dennoch immer eine Wahl. Wie Burton sagt: »Melancholie ist die größte Freude und zugleich das größte Leid.«

Welchen Melancholiker würden Sie gern noch einmal treffen?
Natürlich Platon.

Glauben Sie an die Wiedergeburt?
Ich weiß zu wenig davon, und ein Leben genügt ja. Aber wir haben überhaupt noch nicht über Cusanus gesprochen. In diesem Jahr ist sein sechshundertster Geburtstag, München wird das in angemessener Weise feiern, nicht wahr? Ich hole Ihnen geschwind eine lateinische Handschrift. Noch etwas Tee?

Danksagung

Wir danken allen Verantwortlichen des ›Süddeutsche Zeitung Magazin‹ sowie insbesondere: Anne Blaschke, Rike Gauss, Christian Kämmerling, Klaus Lange, Ulf Poschardt, Rudolf Spindler, Jan Weiler und Dominik Wichmann.

Personenregister